I0416407

La guía paso a paso de la negociación y la venta en cualquier línea de negocio

Copyright © 2024 Reginaldo Osnildo
Todos los derechos reservados.

PRESENTACIÓN

Estimado lector,

Es con gran placer que le presento este libro: **"La guía paso a paso de la negociación y la venta en cualquier línea de negocio"**.

A lo largo de estos capítulos, encontrará poderosas técnicas y puntos de vista para mejorar sus habilidades negociadoras y alcanzar acuerdos más ventajosos en cualquier contexto.

Empezaremos por comprender los fundamentos de una negociación eficaz, para luego sumergirnos en estrategias más avanzadas basadas en la psicología, la empatía, la formulación de las preguntas adecuadas y mucho más. Aprenderá a enfrentarse a situaciones difíciles, como negociar bajo presión, convertir los "noes" en oportunidades e identificar y explotar la información oculta.

Cada capítulo ha sido cuidadosamente diseñado para añadir valor real a sus negociaciones. Con un lenguaje objetivo y ejemplos prácticos, este contenido está diseñado para profesionales de ventas, negociadores y cualquier persona que busque maximizar sus resultados a través de la negociación.

Así que le invito a embarcarse conmigo en este viaje por el fascinante mundo de la negociación estratégica. Con cada página, se le abrirán nuevas puertas a la prosperidad.

¡Empecemos!

Atentamente

Reginaldo Osnildo

INTRODUCCIÓN A LA NEGOCIACIÓN DE ALTO IMPACTO: COMPRENDER LOS FUNDAMENTOS DE UNA NEGOCIACIÓN EFICAZ

Bienvenido a nuestro libro sobre estrategias avanzadas de negociación para maximizar sus resultados. Este primer capítulo sirve de sólida introducción a los fundamentos de una negociación eficaz.

Antes de sumergirnos en las tácticas y técnicas más complejas de los capítulos siguientes, es esencial construir una base de conocimientos sobre los elementos centrales de cualquier negociación exitosa. Con el dominio de estos fundamentos, será capaz de desenvolverse en discusiones tensas, tratar con personalidades desafiantes y cerrar acuerdos rentables incluso en circunstancias difíciles.

En este capítulo inicial, examinaremos los siguientes temas fundamentales:

- La esencia de la negociación y por qué dominar esta habilidad es tan valioso.

- Los 3 objetivos principales en cualquier negociación

- Cómo prepararse adecuadamente para aumentar sus posibilidades de éxito

- 4 cualidades humanas esenciales de los negociadores hábiles

- Comprender los diferentes estilos de negociación

- Cómo generar confianza rápidamente con cualquier persona

- Técnicas para descubrir las verdaderas motivaciones e intereses de la otra parte

- Herramientas para mantener el control emocional bajo presión

Al final de este capítulo, dispondrá de un sólido mapa mental de los elementos fundamentales que intervienen en una negociación altamente eficaz. Estos son los cimientos sobre los que construiremos el resto del libro. Por lo tanto, le invito a que preste atención a cada concepto, ya que constituyen la base para dominar el arte de la negociación.

Empecemos explicando la esencia de esta valiosa habilidad...

La esencia de la negociación: ¿por qué es esencial?

Mucha gente piensa que la negociación es una batalla que hay que "ganar" o "perder". Como si hubiera un premio fijo sobre la mesa y cada parte luchara por llevarse la mayor tajada.

Pero, en realidad, una negociación hábil implica una danza mucho más compleja y sutil con la otra parte. Cada parte llega a la mesa con sus propios intereses, prioridades, percepciones, limitaciones y relaciones.

Una negociación eficaz reconoce esta complejidad humana y trata de satisfacer a ambas partes de la mejor manera posible. En lugar de derrotar al oponente, el objetivo es ampliar el pastel para que todos ganen.

Los negociadores maestros entienden que se puede conseguir mucho más tendiendo puentes, estableciendo una confianza mutua y comprendiendo las motivaciones de la otra parte.

Además, entre el 10% y el 15% de la actividad económica implica negociación. Ya estemos buscando un préstamo, negociando las condiciones de trabajo, cerrando una gran venta o simplemente decidiendo dónde cenar, la negociación está estrechamente integrada en casi todo lo que hacemos. Precisamente por eso se ha convertido en una habilidad humana tan esencial.

En un mundo empresarial cada vez más complejo y competitivo, saber negociar puede significar la diferencia entre el éxito y el fracaso. Las personas que dominan este arte tienen una clara ventaja en todas las esferas de la vida.

Por tanto, podemos afirmar que

Una negociación hábil es la capacidad de interactuar eficazmente con otras personas para alcanzar acuerdos y resoluciones mutuamente aceptables.

Es una habilidad humana fundamental porque te ayuda a:

- Obtener los resultados deseados sin alienar o perjudicar a otras partes.

- Establecer relaciones valiosas y duraderas

- Evitar o resolver conflictos

- Avanzar en su carrera profesional

- Mejorar su comunicación interpersonal en general

Tanto si negociamos con compañeros, clientes, socios o seres queridos, esta habilidad nos permite navegar por los complejos paisajes humanos que nos rodean para crear soluciones beneficiosas para todos.

Ahora que entendemos por qué la negociación es tan valiosa, exploremos los 3 objetivos principales que persigue todo negociador excelente.

Los 3 objetivos principales de todo negociador experto

En toda negociación, hay 3 objetivos centrales que debemos esforzarnos por alcanzar para garantizar un resultado satisfactorio:

- Comprender las necesidades e intereses reales de las otras partes

- Generar confianza y buena voluntad mutua

- Llegar a un acuerdo que satisfaga a ambas partes

Veamos cada uno de estos objetivos con más detalle:

Comprender las necesidades e intereses reales de las otras partes

Muchas negociaciones fracasan porque las partes no comprenden las verdaderas motivaciones y necesidades de la otra parte, ni siquiera se preguntan por ellas. En lugar de ello, se centran únicamente en sus propios intereses.

Los negociadores excelentes invierten esta tendencia haciendo muchas preguntas abiertas para revelar lo que realmente mueve a la otra parte. Escuchan atentamente las respuestas, sin juzgarlas, para obtener información sincera.

Descubrir estas motivaciones ocultas les permite encontrar soluciones mucho más creativas que satisfagan todos los intereses en juego. En lugar de limitarse a reaccionar a las demandas de la otra parte, pueden elaborar propuestas totalmente nuevas que satisfagan las necesidades fundamentales de ambas partes.

Crear confianza y buena voluntad mutua

La confianza es el lubricante que permite que cualquier negociación fluya sin problemas. Sin ella, las discusiones se empantanan en sospechas, resentimientos y una comunicación ineficaz.

Los negociadores excelentes construyen activamente esta confianza demostrando auténtica buena voluntad e integridad a lo largo de todo el proceso.

Se ponen en el lugar de la otra parte para comprenderla mejor. Evitan un lenguaje antagonista que pueda alienar a la otra parte. Establecen una buena relación compartiendo ideas e historias personales cuando es necesario. Y demuestran sistemáticamente su fiabilidad cumpliendo todas las promesas y compromisos que hacen.

El resultado es un entorno de respeto y confianza mutuos en el que pueden surgir soluciones creativas.

Llegar a un acuerdo que satisfaga a ambas partes

El objetivo último de cualquier negociación es llegar a un acuerdo que sea aceptable para todas las partes implicadas. Sin ello, toda la interacción ha sido una pérdida de tiempo y recursos.

Los negociadores expertos tienen presente este resultado final en todas las discusiones. Saben que tienen que satisfacer las necesidades de la otra parte tanto como las suyas propias si quieren llegar a un acuerdo.

Por eso dedican tanto tiempo a comprender los verdaderos intereses de cada uno y a establecer relaciones de colaboración. Cuando se cuidan bien estos dos primeros objetivos, llegar a una resolución provechosa resulta mucho más factible y fluido.

Ahora que hemos examinado estos 3 objetivos fundamentales, vamos a explorar cómo prepararse adecuadamente antes de cualquier negociación importante para maximizar sus posibilidades de éxito.

Preparación minuciosa: la base del éxito

Una preparación sólida es lo que separa a los negociadores medios de los excepcionales. Es durante las horas previas a la negociación cuando se construyen los cimientos del conocimiento, la estrategia y la confianza.

Por desgracia, la mayoría de la gente no dedica tiempo suficiente a esta fase crítica. Confían demasiado en sus instintos y en sus habilidades negociadoras naturales. Aunque el talento innato sin duda ayuda, sin una preparación adecuada estará en gran desventaja frente a un oponente más metódico.

Durante su preparación previa, algunos elementos esenciales que debe cubrir incluyen:

- Determinar sus principales intereses y prioridades. ¿Qué aspectos está dispuesto a ceder?

- Investigar en profundidad a la otra parte: ¿cuáles son sus objetivos, limitaciones y estrategias de negociación? ¿Puede descubrir palancas o ángulos que explotar?

- Definir su **BATNA** (Mejor Alternativa al Acuerdo Negociado) - ¿Cuál es el mejor escenario posible si no consigue cerrar un acuerdo ahora?

- Esbozar las opciones de negociación iniciales que se presentarán

- Formular preguntas estratégicas para conocer mejor sus intereses y prioridades.

- Preparar respuestas y estrategias para situaciones, exigencias y tácticas de negociación difíciles.

- Revise su comunicación verbal y no verbal para demostrar confianza y colaboración.

Cuando dedique estas horas previas a la reflexión estratégica, el análisis en profundidad y la práctica mental, sus posibilidades de éxito se dispararán. Entrará en la discusión como el negociador mejor preparado y, por tanto, más convincente de la mesa.

Ahora que hemos visto por qué es tan fundamental una preparación sólida, exploremos las 4 cualidades humanas fundamentales que todo buen negociador debe cultivar.

Las 4 cualidades humanas fundamentales de los negociadores excelentes

Además de dominar los procesos, las estrategias y la preparación técnica, los grandes negociadores también comparten ciertos atributos personales esenciales que los hacen tan hábiles. En concreto, hay 4 cualidades humanas fundamentales que deberías hacer formar parte de tu matriz de negociación:

1.   Paciencia

2.   Perspicacia

3.   Confianza

4.   Integridad

La paciencia es la clave de la negociación

La paciencia es vital por varias razones. En primer lugar, las negociaciones complejas suelen implicar muchas rondas prolongadas de discusiones antes de llegar a un acuerdo final. Mantener la calma bajo esta larga tensión es mentalmente exigente.

La paciencia también te permite escuchar activamente a la otra parte, ponerte en su lugar y obtener información esencial sobre sus verdaderas motivaciones. Apresurar a la otra persona o la discusión sólo dará lugar a acuerdos superficiales o al fracaso total.

Además, cuando surgen disputas acaloradas o tácticas hostiles de la otra parte, mantener la paciencia evita que se produzcan reacciones emocionales improductivas. Mantienes el control, sigues siendo racional y puedes sortear estos retos con gracia.

La perspicacia es la visión del conjunto

Tener una mente perspicaz y estratégica es lo que permite a los negociadores expertos ver ángulos, perspectivas y soluciones que otras partes pasan por alto. Pueden identificar rápidamente los intereses, necesidades, motivaciones y preocupaciones fundamentales de ambas partes.

Esta percepción les da una visión mucho más amplia de la situación y de las posibles vías de resolución. En lugar de limitarse a defender sus propios intereses, pueden presentar propuestas creativas basadas en los intereses comunes de las partes.

Su capacidad para pensar estratégicamente es una gran baza en discusiones complejas con múltiples variables en juego. Mientras otros se pierden en los detalles, usted consigue mantenerse centrado en el panorama general de una solución óptima.

La confianza es la base de todo

Toda gran negociación tiene momentos de tensión, conflicto e incertidumbre. Mostrar confianza incluso en estos momentos turbulentos es absolutamente vital. Cuando proyectas confianza en tu postura, tono de voz y lenguaje corporal, esto se transfiere directamente a la otra parte.

Por el contrario, si muestra debilidad, vacilación o desesperación, la otra parte lo detectará al instante y lo utilizará en su contra. Sus posibilidades de conseguir un buen trato caen en picado.

Por eso, cultivar una actitud tranquila, una postura enérgica y una voz tranquila pero asertiva le servirá en cualquier negociación, sean cuales sean los retos a los que se enfrente.

La integridad es lo que construye

La integridad genera la confianza necesaria para negociar con éxito. Cuando la gente percibe que eres fiable, coherente y justo, es mucho más probable que revelen información importante y consideren resoluciones creativas.

Los negociadores íntegros evitan el lenguaje o el comportamiento manipulador para obtener una ventaja. En cambio, son completamente transparentes sobre sus intereses y siempre están dispuestos a presentar opciones justas que satisfagan a ambas partes.

Esta forma ética y respetuosa de negociar anima a la otra parte a responder de forma igualmente colaboradora. Juntos, pueden generar confianza, explorar intereses mutuos y llegar a acuerdos sólidos en los que todos salgan ganando.

Ahora que hemos visto las 4 cualidades humanas fundamentales, vamos a explorar los diferentes estilos de negociación para que puedas adaptar tu enfoque en función de la situación y de las personas implicadas.

Comprender los diferentes estilos de negociación

Al igual que tenemos estilos únicos de aprendizaje, comunicación y liderazgo, también negociamos de formas diferentes. No existe un enfoque universal "correcto", sino el que mejor se adapta al contexto específico y a las personas con las que interactuamos.

Conocer los distintos estilos de negociación te da la flexibilidad necesaria para adaptarte eficazmente a una gran variedad de situaciones:

Negociación distributiva/posicional

En la negociación distributiva, cada parte adopta posiciones opuestas para defender sus intereses. Por ejemplo, un comprador quiere el precio más bajo posible por un coche usado, mientras que el vendedor quiere el más alto.

Cada parte compite para "ganar" la mayor parte.

Aunque éste puede ser un planteamiento adecuado para algunas situaciones, suele conducir a resultados de suma cero en los que uno gana y el otro pierde. Esto socava las oportunidades de explotar las ganancias mutuas.

Negociación cooperativa/integrativa

El enfoque cooperativo anima a ambas partes a colaborar para satisfacer los intereses mutuos en la mesa. En lugar de competir por posiciones, se hace un esfuerzo honesto por comprender las necesidades fundamentales de la otra parte y explorar opciones creativas que beneficien a todos los participantes.

La comunicación abierta, la empatía y el espíritu creativo son componentes centrales de este enfoque colaborativo.

Negociación basada en principios

La negociación basada en principios se centra en alinear las discusiones con los valores fundamentales de la ética, la equidad y el respeto mutuo. En lugar de obsesionarse con posturas o exigencias concretas, cada parte explora opciones que reflejen lo que es correcto hacer dadas las circunstancias.

Por ejemplo, si una discusión salarial se estanca entre un empleado y su jefe, en lugar de insistir en valores absolutos, pueden utilizar principios rectores como "Compensar a cada persona según sus cualificaciones, contribuciones y trabajo duro" para llegar a un valor justo.

Este enfoque en los principios ayuda a despolarizar las posiciones conflictivas y a abrir espacio para soluciones éticas.

Independientemente del estilo de negociación que elija, generar confianza rápida y sistemáticamente con la otra parte es absolutamente esencial para su éxito. Exploremos algunas de las mejores tácticas para establecer esta confianza desde el principio.

Generar confianza rápidamente con cualquier persona

La confianza efectiva comienza con el primer apretón de manos, el primer contacto visual y el primer intercambio de palabras. Al igual que los 15 segundos críticos de una primera impresión, tus acciones iniciales envían fuertes señales sobre ti a la otra persona.

Afortunadamente, unas cuantas tácticas sencillas pueden ayudarle a establecer credibilidad y confianza al instante.

La primera es mantener un contacto visual firme, acompañado de una sonrisa genuina. Mirar a los ojos de la otra persona (sin mirarla fijamente) demuestra su confianza y sinceridad. Combínelo con una sonrisa cálida que ilumine toda su cara, especialmente los ojos.

A continuación, el apretón de manos debe ser cálido, con una presión de media a firme (ajustada a la otra persona) durante 2 o 3 segundos. Esto demuestra tu seguridad a la vez que respetas los límites físicos de la otra persona.

Tu postura y tu lenguaje corporal también comunican muy rápidamente si estás abierto, relajado y receptivo. Mantén los hombros hacia atrás, el pecho abierto y la postura alineada pero no rígida durante tus interacciones. Inclínese ligeramente hacia la otra persona cuando sea necesario para demostrar que está concentrado y que participa plenamente en la conversación.

Por último, lo que verbalices en los primeros minutos sienta las bases de la confianza mutua. Expresiones como "es un placer conocerle", "espero con interés nuestras valiosas conversaciones" y "agradezco su disposición a reunirse conmigo" envían rápidas señales positivas.

Combinando un lenguaje corporal amable y abierto, un contacto visual constante y afirmaciones verbales alentadoras, se establece rápidamente una capa inicial esencial de confianza y respeto mutuos.

Ahora que ya hemos hablado de algunas formas rápidas y sencillas de generar confianza interpersonal, vamos a explorar técnicas para descubrir los intereses y prioridades ocultos de la otra parte, una información clave para crear soluciones eficaces.

Descubrir los verdaderos intereses y motivaciones de la otra parte

Uno de los mayores errores que cometen los negociadores es suponer que ya saben lo que la otra parte quiere o necesita de la interacción. De hecho, a menudo nuestras suposiciones ni siquiera se acercan a la realidad.

La única forma de comprender realmente los intereses y prioridades fundamentales de la otra parte es hacer preguntas, escuchar atentamente y profundizar en las respuestas que recibes.

Pero, ¿qué tipo de preguntas revelan estos conocimientos ocultos? ¿Y cómo puede fomentar respuestas sinceras y completas?

Veamos algunas de las mejores prácticas:

- Haga preguntas abiertas que no puedan responderse con un simple "Sí" o "No". Esto obliga a la otra parte a proporcionar más detalles y contexto, revelando matices importantes.

- Muestre auténtica curiosidad y absténgase de juzgar las respuestas que reciba: sus ideas no se compartirán si la otra parte se siente juzgada.

- Siga el flujo natural de la conversación, haciendo preguntas de seguimiento para profundizar en determinados aspectos - No interrumpa ni cambie bruscamente de tema - Explore ampliamente una línea productiva de preguntas.

- Para temas realmente importantes, reformule la respuesta de la persona con sus propias palabras para confirmarla - Esto evita malas interpretaciones y demuestra que realmente "ha oído" lo que se ha dicho.

- Observe atentamente el lenguaje corporal y el tono emocional de la otra parte durante sus respuestas: esto proporciona información adicional más allá de las palabras pronunciadas.

Practicar estas técnicas requiere disciplina mental. Tu tendencia natural será proyectar tus propias suposiciones e intereses en la otra parte. Pero si dejamos a un lado nuestro ego y nuestras suposiciones para escuchar realmente las necesidades de la otra persona, nuestra capacidad para crear soluciones beneficiosas para ambas partes se dispara.

Ahora que sabemos cómo revelar los intereses ocultos de nuestro interlocutor, vamos a explorar algunas estrategias para mantener el autocontrol en situaciones de mucha presión.

PSICOLOGÍA DE LA NEGOCIACIÓN: CÓMO COMPRENDER E INFLUIR EN SUS INTERLOCUTORES

En este capítulo, nos sumergiremos en la fascinante psicología que subyace a una negociación eficaz.

Comprender los fundamentos del funcionamiento de la mente humana le permitirá analizar, influir y conectar mejor con cualquier persona en la mesa de negociación.

En concreto, exploraremos las áreas críticas:

- Las trampas psicológicas más comunes que obstaculizan a los negociadores

- Cómo afecta nuestro estado mental a nuestras decisiones y juicios

- Principios de persuasión para influir en los resultados

- Motores motivacionales: lo que realmente motiva a cada persona

- Cómo identificar y responder a los distintos tipos de personalidad

- Lenguaje corporal y microexpresiones: leer las señales no verbales

- Crear sincronía conductual con su interlocutor

Comprender estas dinámicas psicológicas le permitirá navegar con éxito por los complejos paisajes humanos de la negociación.

Así que, sin más preámbulos, echemos un vistazo a algunas de las trampas mentales a las que todos somos susceptibles.

Evitar las trampas psicológicas de la negociación

Por desgracia, nuestros cerebros no están diseñados para la negociación. Evolucionaron para enfrentarse a amenazas físicas, no a complejas discusiones de negocios.

En consecuencia, hay muchas trampas psicológicas que pueden sabotear nuestros mejores esfuerzos por llegar a acuerdos rentables.

Dos de estas trampas mentales increíblemente comunes son: el sesgo de confirmación y la aversión a la pérdida. Veámoslas más de cerca:

Nuestro sesgo de confirmación nos hace buscar, interpretar y dar más importancia a la información que confirma nuestras creencias preexistentes. Entonces infravaloramos o descartamos por completo las pruebas que contradicen estas creencias.

Por desgracia, esto perjudica nuestra capacidad de negociación. Inconscientemente, empezamos a filtrar todo lo que la otra parte dice en contra de nuestros intereses actuales, aunque sus preocupaciones sean perfectamente válidas y razonables.

Esto bloquea nuestra capacidad de entenderles de verdad, obstaculizando nuestra capacidad de llegar a resoluciones creativas.

Aversión a la pérdida

Nuestra programación sesgo de confirmación mental también nos hace muy reacios a la pérdida. El estrés y el dolor mental de perder algo es mucho mayor que el mismo placer de ganar algo.

Esto nos lleva a exigencias y posturas más extremas e inflexibles, lo que dificulta los avances en la mesa de negociaciones. No queremos ceder ni un milímetro si existe la posibilidad de que la otra parte se aproveche y obtenga más beneficios a nuestra costa.

Comprender estos sesgos irracionales nos permite mitigarlos con plena conciencia. Podemos esforzarnos por escuchar perspectivas divergentes y estar más abiertos a opciones conciliadoras en las que todos ganen algo en lugar de insistir en que nuestro bando lo gane todo.

Ahora que ya hemos cubierto algunos de los escollos psicológicos más comunes, examinemos cómo influye nuestro estado mental en nuestro rendimiento.

Tu estado mental influye profundamente en tus juicios

¿Alguna vez se ha sentido mentalmente agotado, hambriento o distraído por el estrés en una negociación importante?

La mayoría de la gente responde "sí", y paga un precio por ello.

Las investigaciones demuestran que variables como el sueño inadecuado, la fatiga y el estrés pueden mermar significativamente nuestra capacidad ejecutiva de planificación, concentración y toma de decisiones. Actuar impulsivamente basándose en las emociones es mucho más probable.

Del mismo modo, los niveles bajos de glucosa debidos a largos intervalos sin comer pueden volvernos irritables y propensos a tomar malas decisiones.

Esto demuestra claramente lo crucial que es cuidar el cuerpo y la mente antes de cualquier operación importante.

Cuando su estado mental y físico es óptimo, está mucho mejor preparado para escuchar con atención, controlar sus emociones, pensar de forma creativa y tomar las decisiones estratégicas correctas bajo presión.
Así que, siempre que sea posible, asegúrese de

- Duerma lo suficiente la noche anterior

- Tomar una comida nutritiva

- Hacer ejercicio para liberar endorfinas

- Reducir otras tensiones antes de la interacción importante

Tu claridad mental y tu energía marcarán una gran diferencia en la calidad de los resultados que consigas.

Ahora que ya sabemos cómo influye nuestro estado interno en nuestras negociaciones, conozcamos algunos principios de persuasión de eficacia probada.

Principios de la persuasión: influir en los pensamientos y las decisiones

Existe una verdadera ciencia detrás de la capacidad de influir y persuadir a los demás. Comprender y aplicar algunos principios fundamentales de la psicología social puede marcar una gran diferencia en la eficacia de las negociaciones.

Principio de reciprocidad

Las personas tienden a corresponder al trato que reciben de los demás. Si muestras confianza, te corresponderán con confianza. Muestra rigidez y recibirás lo mismo a cambio.

Así que entre en una negociación con respeto, buen humor y amplitud de miras para estimular el mismo comportamiento recíproco en el otro. Esto marca la pauta para una discusión cooperativa mucho más productiva.

Principio de coherencia

Una vez que las personas se comprometen verbalmente a tomar una decisión o emprender una acción, por pequeña que sea, se sienten obligadas a comportarse de forma coherente con ese compromiso.

Así que, a medida que se desarrolla una negociación, revele las áreas de acuerdo y pida a la otra parte que verbalice esta alineación. De este modo, es mucho más probable que "cumplan lo prometido" cuando llegue el momento de cerrar el acuerdo.

Principio de autoridad

Los símbolos externos de autoridad -títulos, vestimenta, lenguaje corporal de poder- tienen un efecto automático en nuestras decisiones. Tenemos una tendencia innata a respetar la influencia de las "autoridades" legítimas.

Puedes aprovecharte de ello vistiendo adecuadamente para cada negociación y adoptando una postura y un tono de voz que proyecten competencia y credibilidad.

El aspecto más crítico del éxito en cualquier negociación es su capacidad para conectar con la otra parte, comprenderla e influir en ella. La psicología ofrece una poderosa perspectiva sobre cómo hacerlo, lo que le permitirá obtener resultados más favorables.

Ahora que entendemos algunos principios generales de la influencia, profundicemos en lo que realmente motiva a cada persona y cómo podemos utilizarlo en nuestro beneficio.

Motores motivacionales: comprender lo que realmente motiva a cada persona

Para personalizar su enfoque de negociación y lograr una mayor eficacia, es esencial comprender los principales impulsores o motivaciones que guían el comportamiento de cada persona.

Afortunadamente, tras décadas de investigación, los psicólogos han identificado 6 necesidades humanas fundamentales que nos impulsan e influyen a todos en mayor o menor medida.

Son las siguientes:

- Poder

- Logro personal

- Afiliación

- Seguridad

- Tradición

- Diversión

Explorémoslos más a fondo:

Poder

Las personas motivadas por el poder quieren controlar los resultados y ejercer influencia. Suelen adoptar enfoques agresivos, asertivos y a veces manipuladores dependiendo del contexto.

Logro

Las personas orientadas al logro se centran en mejorar y tener éxito con respecto a algún estándar de excelencia. Suelen adoptar estrategias racionales y están dispuestas a asumir riesgos moderados o calculados.

Afiliación

Quienes valoran la afiliación por encima de todo buscan conexiones personales cálidas. Dan prioridad al trabajo cooperativo en grupo, evitando los conflictos siempre que sea posible para mantener un entorno armonioso.

Seguridad

La seguridad psicológica, física y financiera son las mayores necesidades de este grupo. Tienden a ser reacios al riesgo y buscan la estabilidad por encima de recompensas potencialmente mayores pero inciertas.

Tradición

Los que valoran las tradiciones y las estructuras existentes intentan preservar el orden actual de las cosas. Se resisten firmemente a los cambios rápidos o a romper con "la forma en que siempre se han hecho las cosas".

Diversión

Por último, algunas personas están motivadas simplemente por la diversión, la variedad y la estimulación constante. Quieren que cada interacción sea dinámica y energizante. Odian el aburrimiento por encima de todo.

Determinar cuál de estas motivaciones guía con más fuerza a la otra parte le permite personalizar su estilo de comunicación e influencia para lograr una eficacia mucho mayor. Puede elegir ejemplos, historias y llamadas a la acción que resuenen profundamente con los valores fundamentales de esa persona o audiencia.

Así es mucho más fácil alinearse, influir en los pensamientos y tomar decisiones a su favor. Así que preste mucha atención e identifique qué factores motivan a cada persona con la que intenta persuadir o negociar. Adaptar después su enfoque podría ser la clave de su éxito.

Ahora que ya conocemos estos 6 impulsores internos, vamos a explorar cómo identificar y responder estratégicamente a los distintos tipos de personalidad en la negociación.

Lidiar eficazmente con personalidades difíciles

En toda negociación acabará encontrándose con personalidades difíciles que pondrán a prueba sus límites.

Afortunadamente, la psicología ha identificado 5 perfiles de comportamiento extremadamente comunes con los que es probable que se encuentre en la mesa de negociación.

Comprender estos perfiles le permitirá planificar estrategias personalizadas para tratar diplomáticamente con cada uno de ellos.

Los 5 perfiles más comunes son

- El hablador

- El obstinado

- El desconfiado

- El indeciso

- El distraído

Vamos a deconstruir cada uno de ellos:

El hablador

Los habladores nunca paran de hablar. Dominan la conversación, interrumpen a los demás y rara vez escuchan. Para tratar con ellos

- Interrúmpelos educadamente para hacer tu propia pregunta o plantear una preocupación.

- Establezca límites de tiempo estrictos para que cada persona hable.

- Sea conciso al hablar; las explicaciones largas harán que le interrumpan.

Los testarudos

Las personas testarudas son inflexibles e insisten en puntos irrelevantes sólo por principio. Para influir en ellos

- Escuche pacientemente para establecer una buena relación

- Reformule sus argumentos para demostrar que los entiende.

- Destaque los puntos de acuerdo antes de discutir las diferencias.

- Haga muchas preguntas abiertas para comprender todos los puntos de vista.

Los desconfiados

Las personas desconfiadas suponen que los demás tienen malas intenciones. Son excesivamente escépticas y resistentes. Para ganarse su confianza

- Sea extremadamente transparente compartiendo procesos y planes

- Haga sólo afirmaciones que pueda demostrar con hechos concretos.

- Demuestre su carácter y competencia de forma coherente a través de acciones.

Los indecisos

Las personas indecisas temen tomar la decisión "equivocada" y la posponen o la evitan. Para ayudarles a avanzar

- Divida las grandes decisiones en pasos más pequeños y manejables.

- Ofrezca varias opciones con sus pros y sus contras

- Establezca plazos para aclarar y cerrar el asunto.

Los distraídos

A las personas distraídas les cuesta prestar atención; sus pensamientos divagan. Para mantenerlos centrados

- Establezca un contacto visual frecuente

- Haga preguntas abiertas que requieran una mayor comprensión.

- Resuma los puntos principales tratados y acordados.

Dominar estas personalidades difíciles le convertirá en un negociador mucho más hábil e influyente. Tendrá confianza para tratar con casi cualquier persona en la mesa de negociaciones.

Hasta ahora nos hemos centrado exclusivamente en la comunicación verbal. Pero el lenguaje corporal transmite poderosas percepciones a los negociadores entrenados. Es hora de aprender a descifrar estas señales no verbales.

Leer las pistas del lenguaje corporal y las microexpresiones

Tus palabras literales son sólo una fracción de la comunicación total. Según el profesor emérito de psicología Albert Mehrabian, la comunicación eficaz de emociones o actitudes cara a cara implica tres elementos fundamentales: el comportamiento no verbal (expresiones faciales, por ejemplo), el tono de voz y el significado literal de la palabra hablada. En su opinión, estos tres elementos esenciales explican cómo transmitimos nuestro agrado o desagrado por otra persona. Llegó a la conclusión de que sólo el 7% del significado del mensaje lo transmiten las palabras, mientras que el tono de voz es responsable del 38% y el lenguaje corporal del 55% de la percepción del mensaje. Por lo tanto, prestar atención a lo que "entre líneas" está señalando el cuerpo de la otra persona proporciona una percepción crítica más allá de lo que se está diciendo.

Veamos algunas señales importantes a las que prestar atención:

- Mantener el contacto visual suele indicar confianza y compromiso sincero con la conversación. Mirar constantemente hacia otro lado puede indicar vergüenza, incomodidad o incluso un posible engaño.

- Las sonrisas auténticas implican a los ojos, lo que provoca patas de gallo en las comisuras. Las sonrisas falsas sólo implican la boca.

- Inclinarse hacia usted muestra interés. Inclinarse hacia atrás denota una actitud más defensiva o de confrontación.

- Las piernas y los pies girados hacia usted indican receptividad. Apartar los pies o todo el cuerpo (sobre todo con los brazos cruzados) indica el deseo de abandonar la interacción.

Además de estos comportamientos generales, también hay "micromomentos" emocionales fugaces llamados microexpresiones. Duran sólo fracciones de segundo, pero delatan con precisión las emociones reales de la otra persona.

Los maestros del lenguaje corporal pueden leer esta capa adicional de información emocional y utilizarla para orientar estrategias de influencia o de resolución de problemas. Así que presta atención a las señales que envía tu interlocutor más allá de las palabras pronunciadas. Esto le proporcionará información valiosa.

Hablando de la importancia del lenguaje corporal, también existen técnicas de eficacia probada para crear una alineación conductual con su interlocutor, lo que conduce a una mayor confianza e influencia positiva.

Crear un "reflejo" conductual

Reflejar el lenguaje corporal de la otra persona es una poderosa técnica para establecer inconscientemente una mayor conexión e influencia durante las negociaciones.

Las investigaciones demuestran que cuando se reproducen los gestos, las expresiones faciales, los ademanes e incluso la respiración de una persona, ésta percibe inconscientemente que usted es similar a ella. Esto provoca sentimientos más positivos y receptividad a tus ideas y peticiones.

Por eso el lenguaje corporal reflejado funciona tan bien como herramienta de influencia. Puedes reflejar comportamientos como

- Ángulo de inclinación de la cabeza

- Postura y gestos de las manos

- El ritmo del habla y el tono vocal

- Expresiones faciales como levantar las cejas

Al principio, intente reflejar un comportamiento cada vez hasta que le resulte natural. Con la práctica frecuente, podrá reflejar una serie de gestos simultáneos para crear una alineación profunda.

Recuerde que esta técnica sólo funciona cuando se hace con la auténtica intención de conectar más profundamente con su interlocutor.

Ahora que entendemos la ciencia que hay detrás de influir en los demás, es hora de aplicar este conocimiento para explorar algunas de las estrategias y técnicas avanzadas de negociación que están a tu disposición.

Juntos, ya hemos construido una base sólida al comprender la psicología humana y sus implicaciones para el éxito de las interacciones. En los próximos capítulos, le dotaré de habilidades prácticas específicas para dominar sus negociaciones importantes a partir de ahora.

Así que pase página y continuemos nuestro viaje.

TÉCNICAS DE MIRRORING: ESTABLECER RÁPIDAMENTE LA RELACIÓN Y LA CONFIANZA

Construir rápidamente una fuerte conexión personal y una relación de confianza con alguien no es fácil. Requiere estrategias centradas e intencionadas.

Afortunadamente, como veremos en este capítulo, la técnica del "reflejo" proporciona un atajo probado para establecer esa relación crucial en cuestión de minutos.

En concreto, exploraremos:

- Qué es el "mirroring" y cómo genera influencia interpersonal.

- Las formas sutiles de reflejar el lenguaje corporal, la voz y más.

- Cuándo y cuándo no utilizar el reflejo en sus negociaciones

- La práctica del reflejo fluido a través de ejercicios estructurados

Dominar esta habilidad cambiará fundamentalmente tu capacidad para crear conexiones personales significativas rápidamente e influir en los resultados con mayor facilidad.

Así que, sin más preámbulos, ¡vamos a sumergirnos en el poder del reflejo!

¿Qué es el reflejo y cómo genera influencia?

El reflejo se refiere a la imitación sutil del comportamiento verbal y no verbal de otra persona durante las interacciones sociales. Esto incluye reflejar la postura corporal, los gestos, el tono de voz, el habla y mucho más.

Cuando se hace bien, el reflejo genera influencia por varias razones poderosas:

1. Envía señales automáticas de similitud entre ambos. Inconscientemente, las personas se sienten más atraídas e influidas por quienes perciben como similares. Por lo tanto, cuanto más reflejes los patrones de alguien, más cerca se sentirá de ti.

2. El reflejo demuestra tu total atención e interés por la otra persona. Te conviertes literalmente en un reflejo de sus comportamientos, satisfaciendo su deseo inherente de ser escuchado y comprendido. Esto hace que ellos también sean mucho más receptivos a tus ideas y perspectivas.

3. Promueve la liberación de las hormonas del vínculo social oxitocina y serotonina. Esto hace que la otra persona esté fisiológicamente más feliz, más relajada y abierta a una relación positiva.

4. Indica que eres una "persona espejo" muy empática y en sintonía social. De nuevo, estas son

cualidades que generan confianza y buena voluntad de forma natural.

Ahora que comprendemos el poder de esta técnica única de influencia interpersonal, exploremos exactamente cómo reflejar a los demás de forma eficaz.

Cómo reflejar estratégicamente los gestos, la voz y el comportamiento

Existen innumerables formas sutiles de reflejar a su interlocutor durante una conversación. Echemos un vistazo a las principales áreas en las que aplicar esta técnica:

- Lenguaje corporal: refleje los gestos de manos y brazos, la inclinación del cuerpo, la postura, la orientación de pies y piernas y mucho más. Por ejemplo, si se inclinan hacia delante mientras hablan, haz tú lo mismo.

- Entonación vocal y vocabulario: refleje el tono emocional, el volumen, el ritmo del discurso e incluso la elección de palabras. Si suenan animados y hablan rápido, haz lo mismo. Si utilizan un lenguaje corporativo formal, haga lo mismo.

- Expresiones faciales: reproduzca sus sonrisas, cejas levantadas, muecas en la boca y otros micromomentos faciales. Como se suele decir, "la IMITACIÓN es la mejor forma de adulación".

- Respiración: presta atención a su ritmo respiratorio en reposo. También puedes reflejarlo ligeramente para lograr una mayor alineación física.

Lo ideal es elegir UNO de sus comportamientos para imitarlo a la vez, en lugar de intentar imitarlo todo simultáneamente al principio. Esto parecerá artificial.

A medida que cada comportamiento reflejado se vuelva más natural, podrá ampliar su repertorio hasta cubrir todas las áreas lingüísticas de forma fluida e imperceptible.

Cuándo utilizar (y cuándo no) las técnicas de reflejo

Como cualquier otra poderosa herramienta de influencia, el reflejo puede utilizarse tanto para bien como para mal. He aquí algunas pautas para mantener la ética:

✓ Utilizar para establecer una relación positiva: el objetivo principal debe ser crear conexiones y entendimiento mutuos sinceros.

✗ No lo utilices para manipular resultados: respeta la libre elección y autonomía de la otra persona. Nunca reflejes solo para forzar un acuerdo.

✓ Mantén la integridad del proceso: sé 100% auténtico sobre tus intereses y limitaciones durante las negociaciones.

✖ Detente si la otra parte se siente incómoda: algunas personas pueden considerar que reflejarse intensamente es invasivo. Sé consciente y respeta los límites.

En general, antes de reflejar a alguien, pregúntate: "¿Es noble mi intención? ¿Estoy actuando respetuosamente y con las mejores intenciones?". Si la respuesta es afirmativa, sigue adelante.

Bien, ahora que sabemos **CUÁNDO** aplicar esta habilidad, practiquemos **CÓMO** reflejarnos con fluidez con unos ejercicios rápidos.

Practicar el reflejo fluido

Es hora de practicar. Aquí tienes 3 ejercicios sencillos pero eficaces para mejorar tus técnicas de reflejo:

Ejercicio nº 1 - Reflejar un vídeo

- Reproduce cualquier discurso o vídeo de Youtube con alguien hablando durante unos minutos. Concéntrate en UN área del lenguaje corporal cada vez para reflejarla con fluidez.

- Por ejemplo, gestos con las manos y los brazos. O la inclinación y orientación del cuerpo. O las expresiones faciales.

- Haga esto durante 5-10 minutos y, a continuación, vuelva a centrarse en otra área del lenguaje corporal.

Ejercicio nº 2 - Reflejar a un compañero en tiempo real

- Realice esta práctica cara a cara con un amigo o compañero. Pídale que hable libremente durante unos minutos sobre un tema al azar mientras usted refleja sutilmente uno de sus comportamientos verbales o no verbales a la vez.

- A continuación, invierta los papeles. Así te darás cuenta de qué gestos son más fáciles de imitar y cuáles necesitan más práctica.

Ejercicio nº 3 - Grabarse y autoevaluarse

- Grábate en vídeo imitando un discurso famoso de un líder inspirador, un político influyente o una persona emblemática del mundo de los negocios.

- Después, vea el vídeo y analice qué comportamientos ha imitado bien de forma natural y cuáles son susceptibles de mejora.

- Dedicando sólo de 10 a 15 minutos al día a estos ejercicios, pronto dominarás el sutil arte del reflejo rápido e influyente.

Recuerde que la clave está en el tiempo y la práctica intencionada. No se dé por vencido antes de que estos comportamientos de reflejo se conviertan en algo natural para usted.

Ahora que cuenta con esta nueva y poderosa herramienta social, estará en una posición mucho mejor para establecer relaciones de confianza rápidamente e influir en los demás con mayor facilidad.

Utiliza esta habilidad sabiamente para influir positivamente en más vidas.

En el próximo capítulo, nos sumergiremos en otra habilidad humana fundamental para los negociadores de éxito: la capacidad de cultivar y comunicar una empatía genuina.

Espero que continúe con nosotros este viaje hacia el pleno dominio de las habilidades necesarias para maximizar los resultados de la negociación.

Nos vemos allí.

EL ARTE DE LA EMPATÍA TÁCTICA: UTILIZAR LA COMPRENSIÓN EMOCIONAL PARA AVANZAR EN LAS NEGOCIACIONES

La empatía -la capacidad de ponerse en el lugar de otra persona y sentir genuinamente sus emociones- es una de las aptitudes humanas más valiosas en cualquier contexto.

Y en las negociaciones, demostrar empatía estratégica hacia tu interlocutor puede ser la clave decisiva para salir de un punto muerto, generar confianza y dar forma a acuerdos mutuamente beneficiosos.

En este capítulo, profundizaremos en:

- Por qué la empatía es tan esencial para negociar con éxito

- Cómo cultivar una mentalidad altamente empática

- Técnicas de comunicación para expresar esa empatía con eficacia

- Cómo evitar las trampas de la empatía, como el dolor personal excesivo

- Cómo establecer límites saludables para uno mismo sin dejar de estar profundamente en sintonía con los demás.

Prepárate para sumergirte en el poder de la conexión emocional sincera y cómo aplicarla para obtener resultados tangibles en la mesa de negociaciones.

Comenzando por los fundamentos, vamos a explorar por qué esta habilidad humana primordial de la empatía es tan crucial.

¿Por qué la empatía es tan esencial para el éxito?

La capacidad de ponerse realmente en el lugar de otra persona, conectando a un nivel emocional profundo para comprender sus preocupaciones, miedos y necesidades más auténticos, es tan valiosa por varias razones de peso:

En primer lugar, anima a la otra parte a abrirse más y compartir libremente información crucial que, de otro modo, permanecería oculta. Cuando las personas se sienten comprendidas, bajan la guardia.

En segundo lugar, la empatía ayuda a comprender los verdaderos intereses y motivaciones de la otra parte. Se adquieren conocimientos que van mucho más allá de lo que se dice en la mesa, lo que permite estrategias de negociación más creativas y personalizadas.

En tercer lugar, crea un clima de confianza, buena voluntad y respeto mutuo. La otra parte percibe tu genuino interés y preocupación por su bienestar, aunque no estéis de acuerdo en todo. Esto crea un terreno común positivo.

Y por último, cuando usted demuestra constantemente altos niveles de integridad, sensibilidad y comprensión emocional, esto se convierte en un poderoso modelo que anima a la otra parte a responder con igual apertura y colaboración.

Por lo tanto, dar prioridad a la conexión sincera y a la capacidad de ponerse en el lugar de la otra parte le será tremendamente útil en sus negociaciones más difíciles.

Ahora que entendemos el **VALOR** de la empatía, exploremos cómo desarrollar una mentalidad altamente empática como negociador.

Cultivar una mentalidad profundamente empática

La buena noticia es que la empatía puede ser cultivada intencionadamente por cualquiera que esté dispuesto a aumentar su autoconciencia y a entrenarse regularmente.

He aquí algunas buenas prácticas de eficacia probada:

- Recuerde siempre que cada persona es la protagonista de la historia de su vida. Son los héroes de sus viajes, igual que tú. Es útil ver sus perspectivas como igualmente válidas.

- Intenta visualizar vívidamente las situaciones vitales que han conformado su mentalidad actual. ¿Cómo sus experiencias pasadas, su educación, sus relaciones y sus éxitos o traumas les han convertido en lo que son hoy?

- En las conversaciones, centra toda tu atención en escuchar profundamente y comprender a tus interlocutores antes de cualquier respuesta. Elimina las distracciones, establece contacto visual y escucha con la genuina intención de aprender sus paradigmas únicos.

- Suspenda temporalmente su ego y sus propios intereses. En lugar de filtrar las declaraciones a través de la lente de lo que tienes que ganar o perder, céntrate simplemente en comprender en profundidad sus perspectivas.

- Expresa periódicamente lo que oyes y cómo entiendes que se sienten. Haz preguntas de seguimiento para afinar tu comprensión y señalar la mentalización activa. Expresar con tus propias palabras lo que se ha dicho demuestra que realmente has absorbido la esencia emocional.

Cuanto más practiques este músculo mental de la empatía a través de estos ejercicios, más fuertes se volverán estas conexiones neuronales. Con el tiempo, se convierte en un rasgo incorporado a tu personalidad en general.

Ahora bien, además de **CULTIVAR** una mentalidad empática, también necesitamos practicar la

COMUNICACIÓN de nuestra comprensión emocional de forma eficaz durante las interacciones reales.

Comunicar tu empatía con eficacia

Cultivar una mentalidad altamente empática es el primer paso. Pero para influir en los resultados de la negociación, también hay que transmitir proactivamente esta sensibilidad a los interlocutores a través de las palabras y las acciones.

He aquí algunas de las mejores prácticas para ser hábil:

- Mantenga un contacto visual sólido mientras le hablan para transmitirles total concentración e interés. Incline ligeramente la cabeza para fomentar la apertura.

- Refleje sutilmente su lenguaje corporal para establecer una alineación subconsciente. Por ejemplo, adopte una postura y unos gestos de las manos similares.

- Parafrasea los principales puntos de dolor y frustración para confirmar que has captado la esencia emocional. "Parece que estabas muy disgustado cuando...".

- Haz afirmaciones directas que validen sus sentimientos. "Es muy comprensible sentirse traicionado en esa situación. Yo también me sentiría así...".

- Muestra siempre buena voluntad asumiendo sus mejores intenciones, incluso cuando no estés de acuerdo. "Sé que tus preocupaciones vienen de un lugar en el que te preocupas profundamente por tu equipo...".

- Cuando sea apropiado, verbalice cuando haya experimentado retos, emociones o situaciones similares. Esto genera una comprensión experiencial compartida aún más profunda.

Una vez más, cuando sienten que les comprendes y te preocupas de verdad, bajan sus defensas. Responden con más buena voluntad, disposición a colaborar e incluso vulnerabilidad emocional compartida.

Este nivel más profundo de conexión y confianza abre las puertas para explorar soluciones creativas que trasciendan las posturas rígidas y sirvan a los intereses fundamentales de todos los implicados.

Evitar escollos: no asumir el dolor ajeno

Ahora bien, mientras se cultivan niveles más profundos de comprensión emocional hacia las otras partes durante la negociación, es importante no "asumir" demasiado su dolor, hasta el punto de poner en peligro el propio bienestar.

Por desgracia, los negociadores compasivos a veces absorben inconscientemente el estrés o el trauma emocional de los demás. Los psicólogos lo llaman "dolor empático".

Aunque noble en la intención, a la larga puede provocar fatiga por compasión, agotamiento mental e incluso problemas de salud física.

Así que cuando proyectes empatía, recuerda estos límites saludables:

✓ Escuchar profundamente y tratar de comprender sus perspectivas únicas.

✗ No te tomes las emociones negativas como algo personal

✓ Reconozca y valide sus sentimientos

✗ No trate de resolver o arreglar su dolor

✓ Ofrezca compasivamente su apoyo incondicional

✗ No entres en modo rescate ni te involucres en exceso

Al fin y al cabo, no puedes controlar las decisiones de los demás ni curar su dolor, solo compartir con delicadeza tu apoyo y sabiduría.

Así que haz tu parte escuchando con empatía. Pero no asumas también la carga emocional que no te corresponde llevar. Aprieta los hombros de la otra parte con compasión, no intentes llevarla completamente por ella.

Y con esto concluimos nuestra inmersión profunda en el poder de la conexión emocional sincera y cómo aplicarla estratégicamente en negociaciones difíciles.

En el próximo capítulo, pasaremos a un nuevo conjunto de estrategias avanzadas que le ayudarán a redefinir la narrativa cuando se enfrente a impasses difíciles, desacuerdos aparentemente irrecuperables o demandas inaceptables.

Hasta entonces, te deseo lo mejor en tu viaje de autorreflexión y crecimiento continuos!

DOMINAR EL "NO": CONVERTIR LOS RECHAZOS EN OPORTUNIDADES

Pocas cosas son tan desalentadoras durante una negociación como oír la palabra "no" de la otra parte.

Sobre todo cuando parece categórica, definitiva e imposible de eludir.

Sin embargo, los negociadores maestros ven el "no" sólo como el comienzo de una nueva fase productiva en la conversación... no como el final de la misma. La clave está en tener un plan para convertir ese rechazo inicial en un eventual progreso.

En este capítulo, aprenderá cómo hacerlo a través de tácticas probadas para:

- Redefinir mentalmente el significado de "no".

- Cuestionar amablemente las suposiciones limitantes que hay detrás de él

- Hacer preguntas abiertas para revelar preocupaciones ocultas

- Encontrar nuevas opciones que trasciendan el rechazo binario inicial

Así que prepárate para dominar el "no" y convertir los aparentes callejones sin salida en puentes hacia el éxito compartido. Empecemos.

Comprender las capas de significado que se esconden tras el "no

La primera clave para enfrentarse eficazmente a un "no" es comprender que hay capas de significado detrás de él.

Concretamente, la otra parte está comunicando uno de estos 3 niveles de mensaje al decir no:

- Nivel 1 - Rechazo de la propuesta actual: "No, no estoy de acuerdo con esa sugerencia concreta que acabas de hacer". Esto es simplemente un rechazo de la opción individual que se ha puesto sobre la mesa, no necesariamente un rechazo de toda la cuestión en general.

- Nivel 2 - Señalización de una preocupación más profunda: "Hay algún problema no revelado o una necesidad insatisfecha detrás de este no". Aquí es donde se esconde la verdadera oportunidad. Profundizar en estas preocupaciones abre nuevas posibilidades.

- Nivel 3 - Falta de voluntad para negociar: "Me niego rotundamente a considerar otras perspectivas o a trabajar para encontrar una solución". Este nivel de rechazo más profundo y abrasivo suele surgir de problemas de confianza. Crear una buena relación mitigando la situación puede reabrir su mente.

Así que, siempre que oiga un "no", determine primero cuál de estos tres niveles está realmente en juego. A partir de ahí, puedes calibrar estratégicamente tu respuesta para hacer avanzar la conversación.

Exploremos algunas de las mejores tácticas para cada escenario.

Estrategias para afrontar cada nivel de "No

Ahora que entendemos los significados más profundos y las motivaciones que hay detrás de un "no", vamos a sumergirnos en los enfoques tácticos para hacer frente a cada nivel:

Responder al nivel 1 de "No

Cuando alguien rechaza tu propuesta o petición inicial, pero sigue abierto a la idea general, hay algunas respuestas eficaces:

- Explore amablemente el razonamiento subyacente: "Entiendo por qué este enfoque no le parece ideal. Cuéntame más sobre tus preocupaciones específicas al respecto".

- Sugiera versiones modificadas: "¿Qué tal una versión ligeramente diferente como ésta...?".

- Transigir gradualmente: "Vale, ¿y si eliminamos este elemento problemático de la sugerencia, pero mantenemos el resto? ¿Te parece más factible?"

Responder a un "No" de nivel 2

A veces, un "No" superficial esconde preocupaciones más profundas que, una vez resueltas, eliminan los obstáculos para llegar a un acuerdo. Para desvelarlas, responda así:

- Investiga con curiosidad sincera: "Ayúdame a entender mejor qué te preocupa en este escenario concreto".

- Formule preguntas abiertas y escuche atentamente las respuestas para obtener claridad y matizar sus propias perspectivas.

- Reformule los puntos principales para confirmar que ha captado sus preocupaciones fundamentales y, si es necesario, pida más aclaraciones.

- Una vez comprendido el problema subyacente, sólo entonces sugiera opciones que aborden ese dolor o necesidad genuinos.

Responder al nivel 3 de "No

Cuando alguien no está en absoluto abierto a cambiar de opinión o a considerar alternativas, adopta estas tácticas:

- No fuerce la cuestión ahora. Haz una pausa y sugiere retomar la discusión más tarde, cuando las emociones estén más calmadas.

- Céntrate en reconstruir la relación, la confianza y el respeto mutuo compartiendo perspectivas de forma no amenazadora.

- Busca primero intereses, valores o experiencias que compartáis para generar un terreno común.

- Una vez que hayas vuelto a establecer esta conexión humana fundamental, propón reiniciar la negociación con un diálogo abierto y de buena fe.

Recuerda que, cuando alguien tiene las defensas levantadas, resolver el problema inmediato es secundario frente a restablecer primero el respeto y la disponibilidad mental.

Herramientas adicionales para afrontar el rechazo

Además de estas tácticas situacionales, también existen algunas herramientas generales útiles para enfrentarse al rechazo:

La técnica "SÍ... Y" - reconciliar, reconocer, escalar

Ejemplo:

> "SÍ, comprendo tu reticencia con este modelo de facturación.... ¿Y sería posible considerar una estructura alternativa como esta...?"

Introducir una tercera opción neutral

> Cuando estés atascado entre dos opciones, presenta una nueva que trascienda el punto muerto actual.

Centrarse en intereses comunes superiores

> "Creo que todos queremos lo mejor para la empresa/clientes/empleados a largo plazo. ¿Cómo podemos conseguirlo?".

En general, considere el "no" como el inicio de un verdadero diálogo. Domínalo insistiendo pacientemente para entender los temores que hay detrás y presentando opciones creativas para resolverlos.

Y recuerda, si tras tus mejores esfuerzos la otra parte sigue negándose a cooperar, siempre tienes la opción de simplemente abandonar la situación. No es un fracaso, sólo una señal de que no es un encuentro productivo.

Siga intentando influir de buena fe. Pero también sepa cuál es el momento adecuado para avanzar amistosamente. No puedes controlar la apertura de los demás, sólo la tuya.

En cualquier caso, espero que esta nueva perspectiva, herramientas y estrategias te ayuden a navegar hábilmente por el difícil territorio del "no" y a convertirlo en nuevos caminos de progreso.

Hasta la próxima.

EL PODER DE LAS PREGUNTAS ESTRATÉGICAS: DIRIGIR LA NEGOCIACIÓN CON PREGUNTAS CLAVE

Las preguntas hábiles son la herramienta maestra para influir en las negociaciones a su favor. Como dice el refrán:

"Las preguntas son la respuesta".

Saber **QUÉ** preguntas hacer, **CUÁNDO** hacerlas y **CÓMO** responderlas de manera eficaz determina toda la discusión hacia el resultado que usted desea.

En este capítulo, nos sumergiremos en el poder de esta sencilla pero elegante herramienta explorando:

- La ciencia de por qué las preguntas son tan persuasivas

- Diferentes tipos de preguntas estratégicas

- Momentos óptimos para realizar preguntas de gran impacto

- Tácticas para responder a las preguntas con maestría

- Practicar la formulación de preguntas poderosas

Así que prepárese para dominar esta habilidad fundamental que separa a los negociadores excelentes del resto del pelotón.

La ciencia detrás del poder de las buenas preguntas

¿Por qué las preguntas bien formuladas son tan persuasivas a la hora de cambiar de opinión y obtener resultados?

La psicología que hay detrás es fascinante y se reduce a lo siguiente:

- Centran la atención y el diálogo en las áreas que más benefician a tu caso.

- Desafían amablemente los supuestos limitantes de la otra parte.

- Extraen información crucial sobre motivaciones, valores y objetivos ocultos.

En otras palabras, las preguntas hábiles moldean todo el campo mental a su favor.

Determinan los temas tratados, las perspectivas consideradas y los criterios de evaluación de las propuestas. Esto encauza orgánicamente la conversación hacia el resultado deseado.

Además, las preguntas bien formuladas **DEMOSTRAN** tu interés genuino por comprender a la otra parte y encontrar juntos la mejor manera de avanzar. Esto genera confianza y buena voluntad.

Ahora que entendemos **POR QUÉ** funcionan las preguntas, exploremos los principales **TIPOS** estratégicos para influir en las conversaciones.

Seis poderosas preguntas estratégicas

Aunque existen cientos de variaciones, estas 6 categorías recogen los principales "movimientos" de preguntas que dan forma a las negociaciones:

1. Preguntas aclaratorias

Ejemplo: "¿Puede explicar lo que quiere decir con...?".

Propósito: Obtener detalles y contexto adicionales.

2. Preguntas de suposición

Ejemplo: "¿Cómo reaccionaría si hiciéramos X...?".

Propósito: Obtener respuestas informadas y compromiso con escenarios potenciales.

3. Preguntas de desafío

Ejemplo: "¿Qué tendría que cambiar en nuestro planteamiento para que usted aprobara...?".

Propósito: Desafiar cortésmente las nociones preconcebidas e identificar soluciones.

4.   Preguntas de conexión emocional

Ejemplo: "¿Qué es lo que más le preocupa de este escenario?".

Propósito: Generar confianza y buena voluntad a través de una comprensión empática más profunda.

5.   Preguntas de encuadre

Ejemplo: "Nuestro objetivo aquí debería ser garantizar el resultado más positivo posible para todas las partes, ¿estás de acuerdo?".

Propósito: Establecer criterios y valores compartidos para evaluar opciones y tomar decisiones.

6.   Preguntas de cierre

Ejemplo: "Teniendo en cuenta estos beneficios que hemos discutido, ¿estaría dispuesto a aprobar este acuerdo ahora?".

Propósito: Pedir compromiso y cerrar el trato.

Tener en cuenta estas categorías básicas le ayudará a formular estrategias para formular preguntas específicas e impactantes en cada fase de la negociación.

Pero además de SABER qué tipo de preguntas hacer, el **TIEMPO** también lo es todo. Veamos, pues, en qué **MOMENTOS** cruciales debe plantear sus mejores preguntas.

Momentos decisivos para formular preguntas de gran impacto

Aunque las preguntas estratégicas deben repartirse a lo largo de toda la conversación, hay ocasiones concretas en las que son especialmente influyentes para marcar el rumbo general de la negociación.

He aquí 5 momentos cruciales que conviene aprovechar:

1. justo al principio de la interacción

Empiece por sondear el terreno con algunas preguntas clave de mapeo para determinar rápida y estratégicamente el panorama general al que se enfrenta antes de formular propuestas.

Ejemplos:

"Me gustaría empezar por comprender mejor sus prioridades y requisitos clave en este proyecto: ¿puede hablarme más de ellos?".

"¿Cuáles son las métricas más importantes con las que evaluará las opciones que discutiremos hoy?".

2. Después de hacer tu propuesta inicial

Una vez que hayas presentado una propuesta o plan inicial, salta inmediatamente con preguntas poderosas para leer su respuesta, posicionar ventajas y superar objeciones lo antes posible.

Ejemplos:

> "Teniendo en cuenta estas capacidades que he destacado, ¿qué es lo que le parece más valioso de nuestro planteamiento?".

> "Teniendo en cuenta sus objetivos previamente expuestos, ¿en qué aspectos considera que mi propuesta satisface o no sus principales necesidades?".

3. Cuando perciba resistencia o escepticismo

En cuanto detectes cualquier duda o desacuerdo, salta con preguntas motivadoras diseñadas para disipar las preocupaciones y reconstruir una alineación positiva.

Ejemplos:

> "Parece que parte de este enfoque le ha incomodado: ¿puede contarme más sobre

sus preocupaciones para que pueda abordarlas directamente?".

"¿Qué nos ayudaría a modificar algunos de estos elementos para obtener su plena aprobación?".

4. Cuando esté listo para decidir

Cuando la negociación llegue a las etapas finales, centra tus preguntas en confirmar la voluntad, resolver los últimos detalles y cerrar el trato.

Ejemplos:

"Teniendo en cuenta todas las pruebas y ventajas que hemos discutido por mi parte, así como las concesiones por la tuya, ¿estás listo para avanzar y cerrar este acuerdo ahora?".

"¿Hay algún paso final o contingencia que debamos cubrir antes de poder confirmarlo?".

5. En momentos de estancamiento

Si las negociaciones se estancan debido a desacuerdos aparentemente irreconciliables o a emociones exacerbadas, haz una pausa y vuelve a evaluarlo todo con algunas preguntas cruciales.

Ejemplos:

"Parece que hemos llegado a un punto en el que no nos entendemos. Demos un paso atrás: ¿qué puede hacer cada uno de nosotros para restablecer un terreno común?".

"¿Hay alguna opción de compromiso o concesión mutua que aún no hayamos considerado y que podamos explorar?".

Dominar estos momentos de preguntas clave te transforma de un negociador pasivo en un estratega proactivo que da forma a las discusiones por completo.

Ahora bien, es muy importante no sólo hacer buenas preguntas, sino también responderlas hábilmente cuando se invierten los papeles. Veamos algunas técnicas para ello.

Responder a las preguntas como un maestro

Al igual que las preguntas, las respuestas también determinan de forma impresionante el rumbo de la negociación. He aquí algunas pautas para responder como un experto:

- Escucha atentamente toda la pregunta sin interrumpir

- Reflexiona durante 2 o 3 segundos antes de responder; no te precipites.

- Empieza por estar de acuerdo con cualquier punto o premisa válidos de la pregunta antes de contradecir el resto

- Centre sus respuestas en las ventajas de su propuesta, no sólo en sus características.

- Limite el uso de "no, pero...", ya que minimiza y antagoniza

- Si una pregunta es irrelevante o se basa en información falsa, reconstruye primero el contexto

Una vez más, el objetivo debe ser dirigir cada interacción hacia un terreno más positivo y productivo. Tus respuestas hábiles lo hacen posible.

¿Listo para poner en práctica inmediatamente estas estrategias y conocimientos sobre las preguntas poderosas? Perfecto. Practiquemos y formulemos algunas para perfeccionar esta habilidad crítica...

Practicar la formulación de preguntas estratégicas

Ahora te toca a ti crear.

Responde a estas 5 preguntas que te he planteado con tus propias preguntas estratégicas:

Pregunta 1: ¿Cuáles son tus principales prioridades en este proyecto?

Su pregunta estratégica:

Pregunta 2: ¿Por qué nuestro servicio no satisface adecuadamente sus necesidades?

Su pregunta estratégica:

Pregunta 3: ¿En qué áreas necesitaría ver cambios para aprobar esta propuesta?

Su pregunta estratégica:

Pregunta 4: ¿Qué le sigue preocupando de trabajar con nosotros?

Su pregunta estratégica:

Pregunta 5: Teniendo en cuenta todas las pruebas que le he proporcionado, ¿firmará hoy este contrato?

Su pregunta estratégica:

¡Excelente! Formular estas preguntas impactantes teniendo en cuenta el contexto y los objetivos estratégicos es la clave para dirigir con maestría las negociaciones.

Espero que siga practicando y dominando esta herramienta fundamental que comparten todos los negociadores de éxito.

Hasta el próximo capítulo.

NEGOCIAR BAJO PRESIÓN: MANTENER LA CALMA Y EL CONTROL EN SITUACIONES DIFÍCILES

Las negociaciones intensas generan invariablemente momentos de extrema presión.

Puede que se acerque un plazo imposible. O exigencias poco razonables de la otra parte. O que tu propuesta sea destrozada delante de un público.

Sea cual sea la causa, la tensión aumenta rápidamente y amenaza con alejarte de tu centro de paz, claridad y control estratégico.

En este capítulo, exploraremos cómo mantenernos centrados incluso bajo fuego intenso mediante técnicas para:

- Redefinir mentalmente el estrés como un aliado.

- Descargar proactivamente la tensión fisiológica

- Centrar la respiración y la atención en el momento presente

- Demostrar con calma confianza y control pase lo que pase

- Desarmar las tácticas de presión mediante una asertividad calmada

Prepárese para dominar el estrés y actuar con maestría bajo los focos más intensos.

Redefinir el estrés como un catalizador positivo

La primera clave para prosperar bajo presión es comprender que el estrés en sí no tiene por qué ser tu enemigo. De hecho, puede ser tu mejor aliado si lo enfocas correctamente.

Ese nudo en la garganta, las palmas de las manos sudorosas y el corazón acelerado son reacciones fisiológicas automáticas, evolucionadas para un peligro físico inminente.

Nuestro cuerpo se prepara instintivamente para luchar, huir o congelarse. Pero para las negociaciones modernas, ésta no es la respuesta más útil.

Así que, en lugar de desear que estas sensaciones desaparezcan, acéptalas como una excitación positiva y redirige esta energía hacia un estado de presencia intensa y enfoque dirigido.

Mantén esa sensibilidad física aguda, pero purifícala mentalmente para un propósito más elevado: dominar esta situación con sabiduría y gracia.

En otras palabras, reconoce el fuego, pero purifícalo de combustible emocional crudo a la elegancia concentrada de la llama de una vela, igual de intensa pero infinitamente más controlable.

Esto te mantendrá alerta y preparado para el reto, sin que la tensión te eclipse mentalmente.

Técnicas de descarga proactivas para la tensión fisiológica

Ahora que hemos redefinido mentalmente la tensión como nuestra aliada, también tenemos que ocuparnos proactivamente de su manifestación física en nuestro cuerpo.

Si toda esa energía nerviosa se estanca y se encona, acabarás actuando de forma impulsiva o incluso agresiva sin querer.

Por lo tanto, descarga conscientemente cualquier tensión muscular o nerviosismo a través de:

- Exhalaciones prolongadas para calmar el sistema nervioso simpático.

- Sacudir vigorosamente o estirar suavemente los dedos y otras extremidades

- Contrayendo y relajando intensamente cada grupo muscular, desde los pies hasta la cabeza.

Liberar esta energía ansiosa de forma controlada evitará que te desbordes accidentalmente en estallidos contraproducentes de emoción intensa.

En lugar de ello, seguirás siendo una fuente tranquila de calma bajo presión, capaz de ejercer una claridad estratégica y una influencia estable independientemente de las turbulencias que te rodeen.

Anclarse en el momento presente mediante la atención concentrada

Además de redefinir la tensión mentalmente y descargarla físicamente, también es vital anclarse firmemente en el momento presente.

Si tu mente empieza a divagar sobre posibles malos resultados o te quedas atascado recordando errores anteriores, tu ansiedad y tu miedo no harán más que aumentar.

Así que utiliza estos anclajes situacionales para fijar tu conciencia en el ahora:

- Concéntrate en tu respiración: siente cómo entra y sale el aire de tu cuerpo.

- Aprieta suavemente el pulgar y el índice para sentir esa sensación.

- Mira profundamente a los ojos de los demás cuando hables con ellos.

- Escuche atentamente y sin juzgar lo que le dicen.

Este estado de presencia intensa evita que caigas en pensamientos improductivos sobre el pasado o el futuro. Tu atención se centra en la interacción inmediata que tienes delante.

Esta serena lucidez te permite responder al momento con flexibilidad y madurez, no con patrones de comportamiento preprogramados.

Irradiar confianza y control pase lo que pase

Recuerda que tu postura, tu lenguaje corporal y tu presencia comunican tanto como tus palabras.

Así que, independientemente de la tormenta interna que pueda estar sintiendo, su comportamiento exterior debe ser una roca de calma y confianza en la que puedan apoyarse los demás.

He aquí algunos consejos rápidos para proyectar un control tranquilo bajo presión:

- Postura erguida y hombros hacia atrás

- Barbilla paralela al suelo

- Contacto visual firme

- Tono de voz tranquilo y rítmico

- Respiración abdominal profunda

- Expresión facial neutra o ligera sonrisa

Recuerde que las emociones son contagiosas. Si puedes inspirar confianza con calma a través de tu lenguaje corporal, ésta también se contagiará a los demás, lo que a menudo desactiva por completo las situaciones de mucha presión.

Asertividad calmada para desactivar tácticas de presión

Cuando la gente intente claramente presionarte de forma injusta o manipuladora, responde con una asertividad calmada.

Esto significa establecer límites justos pero sin antagonismo. Por ejemplo:

> "Entiendo que esta decisión sea urgente, pero creo que aún no tenemos toda la información que necesitamos. Exploremos las opciones que mejor sirvan a los intereses de ambas partes".

Este enfoque firme evita que te sientas presionado, sin despertar una actitud defensiva igualmente contraproducente en la otra parte. Reorientas hábilmente la conversación hacia un terreno más productivo.

Y recuerda, si incluso la asertividad calmada falla, siempre tienes derecho a retirarte completamente de la situación.

No hay por qué aguantar abusos innecesarios sólo para "cerrar el trato".

A veces, una retirada estratégica hasta una fecha posterior es la única forma de detener la escalada de hostilidades para poder reanudar discusiones más sanas más adelante.

En cualquier caso, mantén tu dignidad y establece límites con compasión si los demás juegan sucio. Guiarás a todos hacia aguas más tranquilas simplemente insistiendo en normas más estrictas.

Y con esto, espero que ahora te sientas mucho más preparado para mantener el control, la influencia y la perspectiva bajo los focos más candentes.

Sigue adelante con la confianza necesaria para manejar con destreza cualquier tormenta. Y recuerda que tu estado mental interior determina tu realidad exterior, así que actúa en consecuencia.

Hasta el próximo capítulo.

ESTRATEGIAS DE NEGOCIACIÓN: TÉCNICAS PARA CONSEGUIR EL MEJOR TRATO

Ahora que hemos cubierto los aspectos básicos de una negociación eficaz, es el momento de sumergirnos en tácticas de negociación y cierre más avanzadas.

Este capítulo le proporcionará un sólido arsenal de estrategias probadas para extraer los términos más favorables posibles en cualquier acuerdo, sin manipulación ni tácticas solapadas.

En concreto, veremos:

- Por qué el estilo de negociación más agresivo suele fracasar.

- Cómo determinar los puntos de reserva ideales y los objetivos iniciales

- Técnicas persuasivas para enmarcar el valor

- Herramientas estratégicas de concesión como "si... entonces".

- Señales para ofrecer primero o después

- Cómo lidiar con ultimátums y tácticas de presión

- Cerrar el trato en el momento adecuado

Armado con este amplio repertorio, podrá desenvolverse con confianza en cualquier negociación obteniendo las mejores condiciones posibles y protegiendo al mismo tiempo sus relaciones y su reputación.

Empecemos analizando por qué el enfoque equivocado de la negociación suele ser contraproducente...

Por qué fracasa el estilo de confrontación

En primer lugar, es importante entender que existen básicamente 2 enfoques generales para regatear y negociar precios:

1. Confrontacional

2. Colaborativo

En el estilo de confrontación, cada parte compite en una batalla de voluntades para "ganar" y extraer el máximo del valor limitado que hay sobre la mesa. Las comunicaciones agresivas y los ultimátums son habituales.

Desgraciadamente, este enfoque antagoniza a la otra parte, destruyendo la confianza y la buena voluntad necesarias para explorar soluciones creativas beneficiosas para todos.

Además, es probable que la otra parte contraataque con tácticas igualmente duras, poniendo en peligro toda la relación futura por unos pocos beneficios a corto plazo.

En cambio, el estilo colaborativo implica una búsqueda conjunta de condiciones justas que beneficien a ambas partes. Aprovecha las preguntas abiertas, la lluvia de ideas creativa y los compromisos mutuos para ampliar el "pastel" total, no sólo compartir un tamaño fijo.

Por supuesto, a veces tendrás que adoptar posturas firmes sobre tus necesidades. Pero hazlo sin chulerías ni rigideces que quemen puentes innecesariamente. Puedes ser asertivo y flexible al mismo tiempo.

Así que evite armas de confrontación como los faroles, los ultimátums, la manipulación o las amenazas veladas. En su lugar, cree buena voluntad y explore opciones expansivas en las que todos salgan ganando. Tu interlocutor estará mucho más dispuesto a trabajar contigo de buena fe.

Ahora que ya sabemos cuál es la mentalidad correcta, pasemos a algunas tácticas concretas...

Fijar los límites iniciales y finales

Antes de entablar una negociación seria, debe tener las cosas muy claras:

1.   Su posición de partida:

El punto de partida ideal desde el que empezarás a negociar.

2.   Su límite final:

La mayor concesión que está dispuesto a hacer para cerrar la operación.

Obviamente, su posición de partida debe pedir más de lo que realmente espera recibir. Pero también debe ser lo suficientemente realista como para no ser descartada de plano, lo que daña su credibilidad.

Analice detenidamente:

- Valor medio de mercado actual

- Las mejores condiciones que han recibido otros compradores

- La urgencia con la que necesita cerrar el trato

- Cuánto suele ceder esta parte en concreto en las negociaciones

En cuanto a su límite final, es el punto a partir del cual simplemente se levantaría de la mesa. Determinarlo de antemano elimina la emoción de la ecuación, lo que garantiza que no hará demasiadas concesiones en el calor del momento y luego se arrepentirá.

Alinear estas dos anclas proporciona los límites dentro de los cuales tienes espacio para operar.

Siguiente paso... ¡cómo enmarcar el valor de su oferta de forma convincente!

Enmarcar el valor de forma persuasiva

Los grandes negociadores y vendedores comprenden el inmenso poder que tiene enmarcar hábilmente cualquier propuesta de forma que resuene con los intereses y valores más profundos de la otra parte.

En lugar de limitarse a exponer una cifra, envuelven su oferta en una historia cautivadora, respaldada por pruebas sólidas.

Por ejemplo, para justificar un precio **PREMIUM**, haga hincapié en los resultados excepcionales que han conseguido otros clientes. O demuestre cómo su producto ahorrará mucho más de lo que cuesta durante 5 años de uso.

Otro enfoque es vincular su valor a métricas más amplias importantes para el cliente, como la satisfacción del usuario, la innovación sostenible, las contribuciones a la comunidad o la centralización de la seguridad digital.

En general, cuanto más significado e impacto atribuya a su precio, más persuasiva será su propuesta. La gente negocia basándose en el valor percibido, no sólo en cifras absolutas.

Así que envuelve cada oferta en términos que resuenen profundamente como una historia convincente, no como meras estadísticas frías.

Aprovechar las técnicas de concesión estratégica

Una cuestión crítica en cualquier negociación es cómo secuenciar las concesiones para obtener las mejores condiciones sin conceder demasiado y demasiado pronto.

Una técnica hábil para lograrlo es vincular cada concesión a un beneficio proporcional para la otra parte. Dicho de otro modo:

> "Si tú haces X, yo puedo hacer Y".

> Por ejemplo:

> "Si podemos ampliar el contrato de servicios de 1 a 3 años, entonces puedo reducir la cuota anual un 10%".

Esto te permite hacer grandes tratos que beneficien a tu parte, unidos a suficientes beneficios correspondientes para animar a la otra parte a aceptar.

Este enfoque vinculante también protege de dar demasiado unilateralmente sin obtener nada a cambio. Mantienes el equilibrio central de poder.

Otras variantes son:

"Si podemos trasladar la fecha de entrega al día 15, aumentaré el descuento al 12%".

"Puedo ofrecer asistencia 24 horas si nuestra cuota mensual aumenta 5 dólares por usuario para cubrir costes".

¿Ves cómo vinculando diplomáticamente las EXIGENCIAS a las CONCESIONES puedes negociar condiciones mucho más favorables sin parecer inflexible o avaricioso?

Señales para ofrecer primero o esperar

A veces, hacer la primera oferta te da la ventaja de anclar las expectativas de la otra parte en torno a tu cifra inicial.

Pero ofrecer primero también le quita un valioso poder para reaccionar, negociar y regatear a partir de ahí.

Entonces, ¿cuál es la mejor opción?

Depende totalmente de si negocia en un mercado de compradores o de vendedores.

En los mercados de **COMPRADORES**, donde hay mucha demanda y poca oferta, los vendedores suelen tener que cotizar primero. Pero en los mercados de vendedores, los compradores suelen esperar a que el vendedor fije las expectativas.

Además del entorno del mercado, su peso relativo y la urgencia de las partes también afectan a quién debe ir primero.

Pero independientemente de quién haga la primera oferta, usted dispone ahora de potentes herramientas para responder estratégicamente a partir de ahí, convirtiéndola en el suelo, no en el techo final.

Responder a ultimátums y otras tácticas de presión

Ocasionalmente, durante una negociación, la otra parte puede intentar forzarle a hacer concesiones mediante faroles, falsos ultimátums u otros trucos manipuladores.

Nunca se precipite ni se deje llevar por la desesperación cuando esto ocurra. En lugar de eso, responda con calma exponiendo claramente sus condiciones o términos absolutos.

Por ejemplo:

> "No puedo aceptar un plazo tan ajustado dado el alcance sustancial. Lo antes que podríamos entregar una solución responsable sería en 10 semanas".

O, si realmente no necesitas tanto el acuerdo, puedes llamar su atención educadamente:

"Si este plazo no puede ampliarse, entiendo perfectamente que tenga que buscar otra opción. Te deseo lo mejor".

Esto rara vez consigue que la otra parte se retracte de su exigencia irrazonable. Pero si no lo hace, también debes estar preparado para abandonar el trato, manteniendo intacta tu dignidad.

En general, ante las tácticas de presión, mantente firme en los principios, pero flexible en los detalles. Esto le protegerá a la vez que demostrará que es razonable.

Reconocer el momento adecuado para cerrar el trato

Saber exactamente CUÁNDO cerrar el trato también es primordial para asegurarse de no dejar dinero sobre la mesa antes de tiempo.

¿Cómo saber cuándo es el momento adecuado?

He aquí las principales señales:

- Cuando haya alcanzado la mayoría de sus objetivos clave no negociables.

- Cuando ya se han celebrado varias rondas de negociación sin que se hayan obtenido nuevos beneficios significativos.

- Cuando se hayan agotado otros resortes o elementos de negociación en la conversación.

- Cuando las últimas preguntas sobre satisfacción tengan una respuesta positiva.

En otras palabras, sigue negociando hasta que avanzar ponga en peligro los logros ya conseguidos sin suficiente potencial proporcional adicional.

En el punto en el que se ha conseguido la victoria principal protegiendo la relación y la buena voluntad, extenderse mucho más allá suele producir ganancias marginales decrecientes.

Es mejor consolidar y proteger lo que ya se ha conseguido, y luego confiar en futuras negociaciones adicionales para obtener nuevas mejoras incrementales. Su interlocutor estará mucho más abierto una vez que se haya alcanzado un acuerdo justo y se haya calmado el ambiente.

IDENTIFICAR Y UTILIZAR LOS "CISNES NEGROS": REVELAR Y EXPLOTAR INFORMACIÓN OCULTA

Este capítulo abordará un poderoso concepto que puede marcar una gran diferencia en sus habilidades negociadoras: los "cisnes negros".

¿Qué son los cisnes negros? Son acontecimientos improbables, de gran impacto y difíciles de predecir. En otras palabras, son sorpresas que tienen consecuencias importantes. A menudo revelan información valiosa que antes estaba oculta o no se había tenido en cuenta.

En el trading, identificar posibles cisnes negros puede darle una ventaja crucial. Puede anticipar escenarios que otros no ven y prepararse para explotarlos en su beneficio. Este capítulo le explicará cómo hacerlo.

En primer lugar, hablaremos de cómo se relacionan los cisnes negros con la negociación. Luego veremos cómo identificarlos con mayor eficacia y explotar la información que revelan. Por último, presentaré algunas formas de incorporar este enfoque a sus estrategias de negociación.

Si se aplica correctamente, el concepto de cisnes negros puede mejorar mucho sus resultados. Sumerjámonos de lleno en este tema.

El impacto de los cisnes negros en la negociación

La metáfora de los "cisnes negros" fue popularizada por el escritor y ex operador de Wall Street Nassim Nicholas Taleb. En su bestseller de 2007, "La lógica del cisne negro", Taleb sostiene que los grandes acontecimientos históricos y los grandes avances científicos suelen ser el resultado imprevisible de causas improbables.

Estos acontecimientos tienen tres características principales:

- Son improbables y difíciles de predecir con los métodos tradicionales.

- Tienen un impacto extremo y de gran alcance.

- Incluso después de producirse, siguen pareciendo improbables e imprevisibles. Sólo podemos racionalizarlos retroactivamente.

Ejemplos famosos son el auge de Internet, los atentados del 11-S y la crisis financiera mundial de 2008.

En las operaciones individuales, los cisnes negros pueden presentarse de dos formas principales:

1. Cambios imprevistos en el contexto: nuevos acontecimientos externos que alteran por completo el escenario, abriendo nuevas posibilidades y cerrando otras. Por ejemplo: una crisis económica, la quiebra de un competidor, una nueva tecnología disruptiva.

2. Nueva información sobre la otra parte: descubres algo inesperado e importante sobre quién está

negociando contigo. Esto cambia totalmente tu visión y estrategia sobre esa negociación concreta.

Identificar posibles cisnes negros es crucial para prepararse para lo inesperado y aprovecharlo en su beneficio. Los negociadores hábiles están siempre alerta, buscando señales de cambios imprevistos en el contexto o información oculta sobre la otra parte. Así, son capaces de adaptarse rápidamente y sacar partido de esas sorpresas.

Veamos ahora algunas maneras de revelar y explotar estos "cisnes negros" en sus negociaciones.

Identificar más eficazmente los cisnes negros

Hay ciertos principios y técnicas que pueden aumentar sus posibilidades de detectar los cisnes negros antes que los demás. He aquí algunos consejos para estar atento a estos acontecimientos sorpresa:

- Cuestionar los supuestos y expectativas habituales

A menudo, un cisne negro parece imposible precisamente porque hacemos suposiciones inconscientes sobre lo que "debería" ocurrir. Por ejemplo, suponer que un cliente importante siempre cumplirá los plazos contractuales. O que un determinado competidor no entrará en nuestra región de operaciones. Desafíe estas suposiciones analizando alternativas y escenarios menos probables. Esto ampliará su visión.

- Estudie las excepciones y anomalías

Preste mucha atención a los datos que "no encajan". Los casos atípicos pueden indicar cambios más amplios en el futuro. Por ejemplo, un cliente regional empieza a hacer muchos más pedidos de lo habitual, lo que quizá indique una expansión a otras zonas.

- Escuche las perspectivas de fuera de la burbuja

Busque opiniones diversas, sobre todo de personas ajenas a su círculo inmediato. Pueden detectar patrones que usted no ve. Hable con clientes, socios, empleados operativos, personas de otros sectores.

- Analice las microseñales

Esté atento a las señales más pequeñas, como cambios sutiles en el tono de voz o el lenguaje corporal de la otra parte, palabras distintas de las habituales, vacilaciones, etc. Detectar estas señales ayuda a identificar información oculta.

- Utilice simulaciones y visualizaciones

Haz ejercicios hipotéticos, simulando escenarios alternativos e improbables. O visualice, de forma vívida y detallada, cómo ocurrirían esas situaciones y cómo actuaría usted. Esto amplía tu capacidad para reconocer y aprovechar los cisnes negros.

Éstas son sólo algunas formas de aumentar tu "sensibilidad" ante acontecimientos e información inesperados. Cuanto más practique, mejor lo hará.

Ahora, veamos qué hacer cuando aparece realmente un cisne negro.

Explorar la información oculta que revelan los cisnes negros

Detectar a tiempo un cisne negro es un gran paso. Pero lo mejor es que estos acontecimientos suelen revelar información valiosa que antes estaba oculta o pasaba desapercibida.

Ya se trate de un cambio drástico en el contexto externo o de nueva información sobre la otra parte, el cisne negro señala una ruptura con respecto a lo esperado. Esto abre espacio para nuevas posibilidades y enfoques creativos.

En una negociación, cuando aparece un cisne negro, hay que responder con rapidez y asertividad, explorando al máximo sus implicaciones:

- Investigar a fondo la nueva situación

Haga muchas preguntas para entender exactamente qué ha cambiado, por qué y cómo afecta a la negociación.

- Evalúe las opciones que antes eran inviables

¿Qué permite o excluye este nuevo escenario en cuanto a posibles acuerdos? ¿Qué planteamientos tienen más sentido ahora?

- Identificar palancas y puntos débiles

¿Dónde es más vulnerable la otra parte con este giro de los acontecimientos? ¿Y dónde lo eres tú? Adaptar la estrategia para explotar estos puntos es clave.

- Modificar demandas y ofertas

Ajusta tus términos, precios, condiciones, etc. para hacerlos compatibles con la nueva realidad y sácale el máximo partido.

- Comunicar estratégicamente

Utiliza una comunicación incisiva, centrada en lo que esta información cambia en la negociación y en la relación. Esto aumenta tus posibilidades de llegar a un acuerdo mucho mejor.

También vale la pena señalar que a veces el cisne negro cambia totalmente la visión que tenías de esa otra parte. Puede que no sea exactamente quien pensabas que era. O sus intereses reales son muy distintos de lo que parecían antes.

En esos momentos, es esencial suspender los juicios previos y dejar de lado las primeras impresiones. Céntrate sólo en lo que importa ahora: comprender a fondo esta nueva perspectiva y explotarla al máximo.

Ahora que hemos visto los conceptos principales, es el momento de la parte más importante: cómo aplicar esto en la vida real.

Cómo integrar los cisnes negros en sus estrategias de negociación

Hay varias formas de poner en práctica esta mentalidad de identificar y aprovechar los cisnes negros. He aquí algunos consejos para incorporarla a su vida diaria:

Antes de negociar:

- Analice ampliamente el contexto, cuestionando las hipótesis limitadoras sobre lo que puede o no cambiar repentinamente.

- Investigue mucho sobre todas las partes implicadas, buscando un conocimiento profundo de sus modelos de negocio, prioridades estratégicas, enfoques típicos, etc. Esto le ayudará a comprender la información contradictoria que pueda surgir más adelante.

- Visualice alternativas, imaginando cambios en el contexto y nuevas revelaciones que alterarían su estrategia. Esto reduce el factor sorpresa si estas situaciones se producen realmente.

Durante las negociaciones:

- Escuche con suma atención todo lo que digan los demás, especialmente las señales que contradigan las suposiciones previas sobre ellos.

- Haga preguntas del tipo "qué pasaría si...", explorando opciones e información que nadie haya considerado antes. Esto puede revelar posibles cisnes negros.

- Observar meticulosamente el lenguaje corporal y otras microseñales, captando cualquier indicio de cambios no verbales en la postura de la otra persona.

- Cuando surja una sorpresa, investígala a fondo haciendo preguntas directas e incisivas. No tengas miedo de enfrentarte a la nueva información, por chocante que sea.

Después de las negociaciones:

- Revisa los procesos, analizando en qué fallaron tus suposiciones iniciales y qué información contradictoria o cambios de contexto fueron decisivos.

- Piense en mejoras de sus sistemas de investigación y preparación, con vistas a colmar las lagunas que impidieron la detección precoz de estas sorpresas.

Hay muchas otras formas de aplicar la mentalidad del cisne negro. Lo principal es tenerla siempre presente, esperar lo inesperado y prepararse para explotar las nuevas situaciones en beneficio propio.

En este capítulo has visto un nuevo modelo para analizar las negociaciones: considerar la posibilidad de cisnes negros, acontecimientos improbables pero impactantes que revelan valiosa información oculta.

Hemos visto las principales características de estos acontecimientos sorpresa y cómo pueden surgir en las negociaciones. A continuación, estudiamos la forma de identificarlos más eficazmente y aprovechar al máximo las nuevas perspectivas que aportan.

Por último, recibimos varios consejos prácticos sobre cómo integrar esta mentalidad en su preparación, ejecución y revisión de futuras negociaciones.

Dominar este tema puede cambiar por completo sus resultados, permitiéndole anticipar y aprovechar información que otros no ven. Podrá dominar incluso los escenarios más impredecibles.

En el próximo capítulo, nos sumergiremos en otro concepto esencial: garantizar la ejecución de los acuerdos. Aquí te explicamos cómo asegurarte de que lo acordado se llevará realmente a la práctica.

Hasta entonces.

GARANTIZAR EL CUMPLIMIENTO: CÓMO GARANTIZAR EL CUMPLIMIENTO DE LOS ACUERDOS

En el capítulo anterior, hablamos de cómo identificar y explotar los "cisnes negros", sucesos improbables que revelan valiosa información oculta. Utilizar esta mentalidad mejorará enormemente su capacidad para hacer frente a sorpresas y escenarios impredecibles.

Ahora, vamos a sumergirnos en otro concepto crucial: garantizar la ejecución de los acuerdos cerrados. Después de todo, de nada sirve ser un excelente negociador y cerrar grandes tratos si no se llevan a cabo.

Éste será un capítulo que tendrá que dominar de verdad. Veremos:

- Por qué es esencial asegurar la ejecución

- Los 5 pasos para los tratos que surgirán

- Las técnicas legislativas y de ejecución

- Adaptar el seguimiento al contexto

- Hacer frente a imprevistos en la ejecución

- Cerrar las lagunas que permitieron el incumplimiento

Al final de este capítulo, será capaz de establecer acuerdos sólidos que todas las partes cumplirán eficazmente. Pongámonos manos a la obra

Por qué es esencial garantizar la ejecución

En muchas negociaciones, cerrar el trato ya parece un resultado excelente. Hemos hecho concesiones, alineado términos, superado impasses. Parece que lo más difícil ya ha pasado.

Sin embargo, el mayor reto suele ser precisamente garantizar que todo lo acordado se cumpla después. Las estadísticas muestran que más del 70% de los acuerdos empresariales no se ejecutan en su totalidad.

Esto sucede por varias razones: cambios en el escenario, falta de comunicación, prioridades que cambian con el tiempo, etc. Pero, en su mayor parte, el problema radica en la forma en que se llevó a cabo la negociación original. No hemos creado mecanismos suficientemente sólidos para garantizar la ejecución a lo largo del tiempo. Es sólo una cuestión de confianza o de promesas frágiles.

Por eso los negociadores experimentados invierten tanto tiempo en eliminar la incertidumbre sobre la futura ejecución. Saben que el acuerdo sólo tendrá valor real si se hace realidad en su totalidad. De lo contrario, todos sus esfuerzos habrán sido en vano.

Garantizar la ejecución debe ser una de sus principales prioridades a la hora de negociar. En la siguiente sección, veremos una hoja de ruta estructurada para lograr este objetivo.

Los 5 pasos para que los acuerdos se mantengan

Existe un proceso bien definido que utilizan los negociadores de alto nivel para hacer realidad sus acuerdos:

Paso 1: Eliminar ambigüedades

En primer lugar, se necesita la máxima claridad sobre lo que cada parte se compromete a entregar exactamente, y cuándo. Todo debe estar extremadamente bien definido, sin lugar a interpretaciones erróneas a posteriori.

Esto implica describir detalladamente el alcance, el calendario, los hitos, las partes responsables, las condiciones financieras y todos los parámetros objetivos del acuerdo. Cada detalle debe quedar meridianamente claro para ambas partes.

Paso 2: Reforzar las obligaciones

Una vez eliminadas las ambigüedades, es hora de "endurecer" el acuerdo, creando obligaciones reales que las partes cumplirán a toda costa:

- Establezca muy claramente los resultados esperados y las consecuencias si no se consiguen.

- Incluir en el acuerdo incentivos y sanciones económicas vinculadas al cumplimiento (o no) de cada hito.

- Obtener garantías sólidas: avalistas, seguros, fianzas. Entidades externas que asumirán la responsabilidad si algo sale mal.

Paso 3: Alinear las expectativas internas

A menudo el obstáculo está en la ejecución interna de cada parte, no en la relación entre ellas. Por eso es necesario garantizar una alineación total dentro de las respectivas organizaciones:

- Defina quién es el responsable interno en cada empresa de hacer posible esta entrega.

- Comunicar el acuerdo de forma muy clara a los implicados, asegurándose de que no haya malas interpretaciones.

- Conseguir formalmente que todas las áreas acepten los términos negociados, evitando sorpresas.

Paso 4: Crear mecanismos de seguimiento

Una vez hecho todo esto, sigue siendo esencial crear formas de supervisar continuamente el progreso de la aplicación:

- Establecer comunicaciones periódicas obligatorias para comprobar el estado.

- Estandarizar plantillas de informes o instrumentos para medir los indicadores acordados.

- Programar reuniones o conferencias telefónicas en los hitos críticos para validar conjuntamente los resultados.

Paso 5: Planificar respuestas rápidas

Incluso con todo esto, surgen imprevistos. Por eso es crucial planificar de antemano cómo hacer frente rápidamente a posibles problemas:

- Crear protocolos para la resolución ágil de problemas y la forma de avisar de retrasos o ajustes de la demanda.

- Definir quién es el responsable de tomar decisiones de emergencia en cada empresa, si no se puede contactar con los principales.

- Establecer opciones alternativas si algún elemento del acuerdo no puede cumplirse según lo previsto originalmente debido a cambios repentinos en el escenario.

Este es el flujo ideal. Ahora, profundicemos en algunas técnicas clave dentro de cada etapa.

Técnicas legislativas y de ejecución

Dentro de un acuerdo comercial bien concluido, siempre habrá dos capas complementarias:

1.   Cláusulas legislativas: que definen claramente los propios términos, eliminando ambigüedades.

2.   Mecanismos de ejecución: que garantizarán que todo se cumpla en la práctica.

Veamos con más detalle cómo abordar cada una de ellas:

Técnicas legislativas

Son las disposiciones del acuerdo que describen con claridad meridiana lo acordado entre las partes. Dejan claros, en un lenguaje objetivo, todos los parámetros e hitos esenciales.

Recuerde: no se puede dejar nada sin decir. Todos los elementos importantes deben aparecer explícitamente en el texto del acuerdo.

Algunos ejemplos de cláusulas legislativas potentes:

- Detallar paso a paso el alcance entregado por cada parte en cada fase.

- Fijar plazos y fechas estrictos para la consecución de hitos específicos en el proyecto o servicio contratado.

- Establecer cantidades y formas de pago muy concretas, vinculadas a la finalización de cada fase.

- Enumerar las penalizaciones financieras u operativas que se aplicarán en caso de retrasos o problemas en la ejecución.

Estos puntos eliminan cualquier margen de malinterpretación o incumplimiento accidental. Todo lo que se va a hacer está ahí, en blanco y negro, sin lagunas.

Técnicas de ejecución

Los mecanismos de ejecución pretenden garantizar que los términos legislativos se cumplan necesariamente. Crean consecuencias e incentivos para que todo salga según lo previsto.

Ejemplos:

Seguros o garantías financieras proporcionadas por terceros que cubrirán totalmente al cliente si la otra parte no cumple.

Cláusulas que prevén la transferencia definitiva de determinados derechos, propiedades o valores si no se cumplen los parámetros y plazos definidos en el contrato.

Multas o compensaciones obligatorias que se pagarán automáticamente si no se cumple algún hito.

Estas medidas crean un entorno en el que simplemente no es opcional no cumplir los términos. También facilitan una rápida resolución o compensación si algo sigue saliendo mal.

En resumen, al combinar potentes técnicas legislativas y de ejecución, sus acuerdos serán prácticamente infalibles durante la ejecución.

Pero no todo se resuelve en el texto del contrato. La siguiente fase consiste en crear estructuras de gobernanza adecuadas y hacer un seguimiento de los resultados.

Adaptar la supervisión al contexto

Además de construir un acuerdo blindado, también es crucial establecer mecanismos inteligentes de supervisión de la ejecución. Permiten detectar rápidamente cualquier problema y actuar para resolverlo.

Sin embargo, cada negociación tiene características únicas. Los mecanismos de seguimiento deben adaptarse caso por caso, teniendo en cuenta:

- Tamaño de la negociación: las negociaciones por valor de millones de reales justifican estructuras más sólidas que las de menor envergadura.

- Duración de la ejecución: las entregas que duran meses requieren procesos más estructurados que los proyectos rápidos.

- Número de personas implicadas: un mayor número de personas en ambas partes aumenta el riesgo de ruido y exige una comunicación regular.

- Grado de interdependencia: los proyectos con muchas integraciones continuas entre los implicados requieren una coordinación intensiva.

- Dinamismo del contexto: la rápida evolución de los escenarios externos exige comprobaciones más frecuentes de las hipótesis.

- Dimensión de los riesgos: las posibles consecuencias catastróficas exigen mayores esfuerzos preventivos.

- Historia entre las partes: las relaciones duraderas y estables necesitan menos supervisión que un primer proyecto conjunto.

Calibre sus mecanismos de gobernanza y supervisión teniendo en cuenta todos estos elementos. Algunos ejemplos de herramientas útiles:

- Informes o cuadros de mando para hacer un seguimiento de los indicadores clave de rendimiento relacionados con los hitos.

- Comité conjunto con líderes de ambas partes para supervisar los avances en los hitos críticos.

- Auditorías especiales o evaluaciones rápidas de la salud cuando las métricas importantes se desvían demasiado del plan.

La clave es disponer de instrumentos que detecten inmediatamente cualquier riesgo para el acuerdo y permitan actuar y tomar medidas correctivas.

Hablamos mucho de prevención. Pero, ¿qué ocurre cuando de todos modos surgen imprevistos?

Hacer frente a imprevistos en la ejecución

Por muy buenas que sean sus técnicas preventivas, pueden surgir problemas durante la ejecución del acuerdo:

- Cambios en el contexto que hagan inviables ciertas condiciones acordadas en un principio.

- Malentendidos o desajustes en una de las partes.

- Errores involuntarios que repercuten en los plazos o las entregas.

- Nuevos líderes que cuestionan los compromisos adquiridos anteriormente.

La clave está en tener mecanismos definidos de antemano para resolver cualquier problema de forma rápida y objetiva. Así se evita que cuestiones puntuales pongan en riesgo todo el acuerdo.

Algunos protocolos eficaces para gestionar imprevistos:

- **Comité de escalada:** foro con ejecutivos autorizados a tomar decisiones de emergencia si no se puede consultar a tiempo a las personas originales.

- **Proceso de disputa y resolución:** camino claramente trazado para resolver disputas técnicas o legales de forma ágil, sin romper el acuerdo.

- **Cláusulas de fuerza mayor:** que eliminan las sanciones si una de las partes demuestra fehacientemente que no tuvo la culpa del problema surgido.

- **Mediadores externos registrados en el contrato:** consultores o empresas independientes que ayudan cuando se producen impasses más graves, sin necesidad de acudir a los tribunales.

- **Opciones alternativas o plan B:** vías secundarias que se han habilitado de antemano para llevar a cabo la misma entrega de otra manera, en caso de que el plan A resulte inviable por alguna razón excepcional.

Una vez más, se trata de garantizar vías para sortear los imprevistos sin que ello afecte al propio acuerdo. Así se mantiene intacta la relación.

Por último, aunque se hayan seguido todos los protocolos, puede producirse un fallo. ¿Y ahora qué?

Cerrar las lagunas que permitieron el incumplimiento

Tras un problema grave en la ejecución, además de resolver esa situación concreta, es fundamental mejorar los propios procesos para que no vuelvan a producirse fallos equivalentes en el futuro.
Es importante realizar un análisis en profundidad, sin intención de encontrar culpables, sino de aprender lecciones críticas. Pregúntese honestamente:

- ¿Qué señales tempranas de riesgo se nos pasaron por alto? ¿Cómo podríamos haberlos detectado antes?

- ¿Qué cláusulas o mecanismos de aplicación fallaron a la hora de prevenir o contener el problema? ¿Qué podría haberse hecho de otro modo?

- ¿No fueron suficientes nuestros protocolos de gobernanza y de respuesta a contingencias? ¿Qué habría que cambiar?

- ¿Existen ambigüedades, lagunas o incoherencias en el contrato original que acabaron siendo explotadas de forma oportunista por una u otra parte? ¿Dónde podría haber sido más inteligente y segura nuestra redacción?

Haga un análisis constructivo, centrado en la mejora continua. Esto no sólo reparará este acuerdo, sino que garantizará que negocias y operas mucho mejor en el futuro.

En este capítulo has visto lo vital que es garantizar que los acuerdos se ejecuten plenamente en la práctica, y no sólo sobre el papel.

Hemos visto una hoja de ruta de 5 pasos para maximizar estas posibilidades, eliminando lagunas desde la redacción inicial hasta el seguimiento diligente posterior a la firma.

También recibimos varios ejemplos de técnicas legislativas y de ejecución para que sus contratos sean mucho más sólidos y a prueba de imprevistos.

Por último, vimos la importancia de aprender de los problemas introduciendo mejoras continuas en sus procesos de negociación y operacionalización de acuerdos complejos.

Espero que este capítulo te ayude a conseguir no sólo victorias temporales en la mesa de negociación, sino ganancias prácticas y duraderas al garantizar que el acuerdo se lleve realmente a cabo.

En el próximo módulo, empezaremos nuestra conclusión viendo cómo aplicar en la práctica todo el contenido del libro. Hasta entonces.

CONCLUSIÓN Y MAPA PARA ORGANIZAR EL PROCESO DE VENTA Y POSVENTA EN LA PRÁCTICA

Hemos llegado a la conclusión de este libro sobre la maestría en negociaciones complejas. Más concretamente, sobre cómo maximizar los resultados aplicando conceptos avanzados.

En las páginas anteriores, examinamos dos potentes módulos:

> 1. Identificar y aprovechar los cisnes negros: sorpresas improbables que abren espacio para nuevos enfoques creativos.

> 2. Técnicas para garantizar la ejecución de acuerdos cerrados, asegurando que realmente se ponen en marcha.

Ahora, en este capítulo final, te daré una visión general de cómo equilibrar estas visiones y aplicarlas para organizar con maestría todo tu proceso de ventas consultivas y gestión de proyectos de alta complejidad.

Trataré este tema en dos fases:

> 1. Ventas consultivas de alto valor

> 2. Entregas posventa complejas

Veamos las mejores prácticas en cada caso.

Ventas consultivas de alto valor

Probablemente esté acostumbrado a los procesos de venta tradicionales: entender las necesidades, presentar soluciones, mostrar casos, hacer propuestas, etc.

Sin embargo, las ventas muy complejas requieren más. Tienes que ir más allá, realizando un trabajo verdaderamente consultivo con tus clientes.

Esto implica trabajar muy estrechamente con su alta dirección, siendo prácticamente un socio estratégico. Diferencias fundamentales en este modelo:

- Enfoque en el valor de negocio más que en propuestas y precios: entender el contexto general y los retos del cliente y proponer formas de potenciar sus resultados.

- Visión de proyectos y entregas completas: diseñando soluciones que combinen tus productos/servicios con cambios en sus procesos, modelos operativos e incluso cultura organizativa.

- Contratos ligados a métricas estratégicas de clientes: tus ingresos estarán ligados a las ganancias que generes dentro de KPIs críticos: rentabilidad, cuota de mercado, NPS, etc.

En otras palabras, actuarás como un especialista que no sólo vende, sino que también estructura y lidera proyectos a gran escala dentro de estas organizaciones.

Esto requiere preparación y sofisticadas metodologías de venta. Veamos algunos de los puntos clave.

Investigación y planificación en profundidad

Incluso antes del primer contacto con la alta dirección del cliente potencial, tu equipo debe sumergirse en una investigación exhaustiva, modelando su contexto, mercado e indicadores.

Hay que salirse de lo obvio y sacar a la luz perspectivas que ni siquiera ellos tenían claras, explorando conexiones inusuales que se puedan aprovechar.

Con una visión amplia y profunda de su territorio, puedes empezar a esbozar formas alternativas de generar valor sin explotar.

Sólo entonces comenzarán las conversaciones. Demostrar una experiencia clara en su universo operativo real -a un nivel que suele ser más sofisticado que el del propio cliente- será ya tu primer gran diferenciador competitivo.

Enfoque profundo del dolor, no superficial

Cuando hables con líderes empresariales, evita la trampa de centrarte en los retos más obvios y frecuentes a los que se enfrentan. Todos han intentado ya resolver sus problemas superficiales, sin éxito definitivo.

Tu objetivo es identificar dolores mucho más profundos, que están en la raíz y son la causa real de los síntomas repetitivos con los que han aprendido a vivir.

Esto puede implicar dilemas culturales profundamente arraigados, contradicciones en los incentivos internos, conflictos políticos históricos dentro de la organización, etc.

Una vez más, su visión de 360°, multidisciplinar y libre de prejuicios de ese entorno le permitirá ver mucho más allá de las quejas genéricas. Al hacerlo, te situarás en primera línea, aportando un enfoque y un nivel de colaboración que nadie ha presentado antes.

Conectar los resultados financieros y el impacto cultural

Sobre la base de este profundo dolor identificado en su diagnóstico, empiece a esbozar una solución personalizada que combine sus productos/servicios con amplios cambios en los procesos, la estructura organizativa y los comportamientos de los clientes internos.

Lo crucial aquí es hacer que esta propuesta integrada sea muy tangible y pragmática desde el principio. Muestre exactamente cómo influirá cada iniciativa en las principales métricas financieras, al tiempo que genera reflejos culturales en las acciones de los equipos a largo plazo.

Esta mezcla de beneficios inmediatos y transformaciones duraderas del comportamiento es muy poderosa y difícil de copiar por los competidores.

Construir el caso para la inversión

Con su propuesta ya bien conceptualizada y detallada, es hora de cuantificarlo todo en una proyección sólida de los beneficios.

Esta justificación de la inversión debe derivar en cifras muy concretas sobre cuánto puede añadir ese proyecto personalizado en términos de ingresos adicionales, ahorro de costes internos, aumento de la productividad, reducción de la rotación, etc. al negocio del cliente en los próximos años.

Todas las cifras deben estar respaldadas por puntos de referencia, casos reales y referencias de mercado sólidas. Pero el conjunto final tiene que ser específico para la realidad única de ese cliente.

Haz también proyecciones conservadoras, realistas e incluso pesimistas, que demuestren la solidez de tu modelo incluso cuando consideres escenarios de estrés. De este modo, las oportunidades de obtener beneficios adicionales se verán como una ventaja si el escenario real es más positivo.

Mejoras desde el primer día

Un escollo habitual en los proyectos a largo plazo es el tiempo que se tarda en generar resultados realmente percibidos por el cliente. Para evitar la ansiedad y el abandono prematuro, hay que garantizar victorias rápidas y relevantes.

Cree mejoras automatizadas que puedan aplicarse muy pronto, incluso antes de que se apruebe formalmente el proyecto completo, aportando ya resultados prácticos visibles.

Esto genera credibilidad y recurrencia de uso, además de financiar los demás costes. No temas aplicar tus conocimientos para mejorar sus procesos internos en los primeros meses.

Contratos vinculados a una metrificación sólida

Esto nos lleva a otro punto fundamental: cómo vincular tus entregas y ganancias a los KPI estratégicos que realmente importan a su negocio: cuota de mercado regional, NPS por segmento de compradores, etc.

Cree un modelo fluido en el que usted asuma una parte considerable del riesgo, con ganancias variables vinculadas al éxito mensurable proporcionado dentro de sus propios objetivos críticos.

Esto alinea completamente los incentivos entre ustedes, elimina las fricciones políticas internas allí y blinda sus proyectos incluso ante cambios de liderazgo. Al fin y al cabo, sólo tendrás éxito si realmente aportas lo que es vital para su perpetuidad estratégica.

Este enfoque consultivo, centrado en el valor empresarial y con contratos flexibles vinculados a beneficios reales, es lo que diferenciará tus complejas propuestas de las de la competencia.

Ahora hablemos del siguiente reto: garantizar unas entregas posventa impecables.

Entregas posventa complejas

¡Enhorabuena! Siguiendo los principios anteriores, habrá conseguido cerrar varios proyectos difíciles con clientes importantes. Sin embargo, el trabajo más importante empieza ahora.

Ha llegado el momento de ejecutar todo lo que se ha propuesto, y los riesgos son enormes. Basta un solo fallo para poner en peligro su reputación. ¿Cómo proceder?

A continuación compartiré una serie de buenas prácticas para garantizar el máximo éxito en estos largos viajes llenos de variables que escapan a su control.

Mapear los riesgos en profundidad

Poco después de firmar el contrato definitivo, reúna a sus equipos internos y a algunos directivos del cliente para realizar una evaluación exhaustiva de los riesgos.

El objetivo es determinar absolutamente todo lo que podría salir mal en un proyecto de esa complejidad y con esas características únicas.

No te limites a los riesgos obvios. Explore vulnerabilidades muy inusuales que podrían materializarse. Analice las interdependencias entre sistemas, áreas y unidades de negocio.

Comprenda la dinámica política y la historia cultural que subyacen a los posibles conflictos organizativos. Identifique posibles cisnes negros.

Catalogue todas las amenazas cruzando impactos y probabilidades. Y empiece a diseñar contingencias sólidas para cada una de ellas, evitando sorpresas desagradables más adelante.

Formalización respaldada por una gestión flexible de los procesos empresariales

Con tantos clientes internos y externos implicados, su proyecto puede irse rápidamente de las manos con malentendidos o vicios informales de comunicación.

Por eso es esencial formalizar absolutamente todo con una gestión clara de los procesos empresariales. Sin embargo, estos procesos no deben ser demasiado rígidos.

Diseñe flujos bien definidos, pero con algoritmos condicionales que activen acciones o alertas automáticamente en caso de desviaciones o casos excepcionales.

Esto protege la ejecución mediante la formalidad, pero permite la adaptabilidad en casos inusuales. Invierta mucho en analistas de procesos y arquitectos de automatización para hacerlo posible.

Comité de gobernanza de alto nivel

Incluso si se planifica todo minuciosamente y se formalizan los procesos, en los proyectos interfuncionales es necesaria una capa adicional de supervisión: un comité de gobernanza de alto nivel.

Reúna a los altos ejecutivos de ambas partes periódicamente (mensualmente al principio, disminuyendo a medida que maduran) para comprobar el "pulso" del proyecto.

Evalúa los indicadores formales, pero también deja espacio para airear inquietudes, ruidos específicos que aún no abordan las estructuras estándar, etc.

Esta capa más política y menos técnica es importante para calibrar expectativas, alinear versiones y evitar lagunas de liderazgo, incluso con tantas partes interesadas dispersas.

Auditorías preventivas y correctivas

Por excelente que sea su planificación, la realidad siempre es más compleja. Surgirán problemas desconocidos.

No espere a que los indicadores formales de rendimiento se alejen demasiado del objetivo para tomar medidas. Esté atento a las señales débiles: pequeñas incoherencias, retrasos localizados, fisuras políticas, etc.

En cuanto algo se salga de la línea, aunque sea a escala limitada, ponga en marcha una auditoría preventiva, con expertos ajenos a ese flujo concreto.

Esta visión externa ayudará a revelar lagunas que antes pasaban desapercibidas, además de alertar a los agentes para que se centren diligentemente en la excelencia.

No castigue a nadie en esta fase (salvo en casos de mala fe), limítese a corregir los procesos. Pero deje claro que las desviaciones recurrentes tras las correcciones tendrán consecuencias. Esto fomenta el cumplimiento sin generar temores internos.

Seguimiento continuo de los resultados

Por último, establezca una rutina sólida y polifacética para el seguimiento de los resultados y los KPI formales a lo largo de todas las fases.

Utilice su análisis de datos para crear cuadros de mando automáticos que conecten diversas entradas. Desglóselo todo en objetivos y métricas específicos, unidades, equipos, funciones, etc.

Valore la transparencia interna, permitiendo que todo el mundo supervise el rendimiento de los demás. Esto fomenta la colaboración y las correcciones rápidas mutuas.

Y brinde por sus éxitos, por pequeños que sean. Mantener el compromiso de todos es crucial cuando aún queda mucho camino por recorrer.

Siguiendo estas buenas prácticas de gestión diligente de proyectos complejos, sus resultados posventa igualarán sin duda la excelencia que ya ha alcanzado en sus ventas consultivas de alto valor añadido, ¡que tan bien hacemos!

Pero este libro no acaba aquí...

Próximos pasos

Estimado lector, nuestro tiempo juntos en este libro está llegando a su fin. Espero que haya conseguido asimilar las mejores técnicas y estrategias avanzadas de negociación.

Más concretamente, cómo integrar los conceptos de identificar oportunidades ocultas y garantizar la ejecución para impulsar sus resultados en entornos corporativos interfuncionales llenos de variables complejas.

Pero nuestro trabajo no acaba aquí. Estoy constantemente produciendo nuevos materiales complementarios en texto, audio y vídeo para profundizar aún más en estos conceptos y mostrar aplicaciones prácticas.

Así que, si aún no estás en nuestra lista de correo, apúntate para recibir todo lo que se produzca a partir de ahora. Habrá ideas y casos exclusivos, compartidos sólo con nuestra base de suscriptores.

Espero volver a verle pronto para continuar este viaje de mejora de sus habilidades de negociación y venta.

Hasta entonces.

Al pasar juntos la página final de este viaje, espero sinceramente que los aprendizajes compartidos aquí hayan tocado su corazón y hayan generado nuevas perspectivas. Si este libro le ha aportado algún valor, le pido que se tome unos minutos para dejar una reseña en Amazon. Tus palabras no sólo me ayudan a crecer y perfeccionar mi oficio, sino que también guían a otros lectores en su búsqueda de conocimiento e inspiración. Tu opinión es un regalo valioso, tanto para mí como para la comunidad de lectores que buscan historias que transformen. Sinceramente les agradezco por compartir este viaje conmigo y espero que podamos volver a encontrarnos en las páginas de una nueva aventura.

REGINALDO OSNILDO

Hola, soy Reginaldo Osnildo, autor e innovador en las áreas de ventas, tecnología y estrategias de comunicación. Mi experiencia abarca desde el ámbito académico, como profesor e investigador de la Universidad del Sur de Santa Catarina, hasta ejercer como estratega en el Grupo Catarinense de Rádios. Con un doctorado en narrativas de ventas y convergencia digital, y una maestría en narración e imaginario social, ofrezco a mis lectores una fusión única de teoría y práctica. Mi objetivo es aportar conocimientos en un lenguaje sencillo, práctico y didáctico, fomentando su aplicación directa en la vida personal y profesional.

Tuyo sinceramente

Reginaldo Osnildo

www.ingramcontent.com/pod-product-compliance
Lightning Source LLC
Chambersburg PA
CBHW071047290526
45795CB00004B/1359